Książka pt. „Jak uwierzyć w siebie" napisana jest na podstawie wykładu wygłoszonego przez Andrzeja Moszczyńskiego.

Andrzej Moszczyński jest autorem 23 książek, 34 wykładów oraz 3 kursów. Pasjonuje go zdobywanie wiedzy z obszaru psychologii osobowości i psychologii pozytywnej.

Ponad 700 razy wystąpił jako prelegent podczas seminariów, konferencji czy kongresów mających charakter społeczny i charytatywny.

Regularnie się dokształca i korzysta ze szkoleń takich organizacji edukacyjnych jak: Harvard Business Review, Ernst & Young, Gallup Institute, PwC.

Jego zainteresowania obejmują następujące tematy: potencjał człowieka, poczucie własnej wartości, szczęście, kluczowe cechy osobowości, w tym między innymi odwaga, wytrwałość, wnikliwość, entuzjazm, wiara w siebie, realizm. Obszar jego zainteresowań stanowią również umiejętności wspierające bycie zadowolonym człowiekiem, między innymi: uczenie się, wyznaczanie celów, planowanie, asertywność, podejmowanie decyzji, inicjatywa, priorytety. Zajmuje się też czynnikami wpływającymi na dobre relacje między ludźmi (należą do nich np. miłość, motywacja, pozytywna postawa, wewnętrzny spokój, zaufanie, mądrość).

Od ponad 30 lat jest przedsiębiorcą. W latach dziewięćdziesiątych był przez dziesięć lat prezesem spółki działającej w branży reklamowej i obejmującej zasięgiem cały kraj. Od 2005 r. do 2015 r. był prezesem spółki inwestycyjnej, która komercjalizowała biurowce, hotele, osiedla mieszkaniowe, galerie handlowe.

W latach 2009-2018 był akcjonariuszem strategicznym oraz przewodniczącym rady nadzorczej fabryki urządzeń okrętowych Expom SA. W 2014 r. utworzył w USA spółkę wydawniczą. Od 2019 r. skupia się przede wszystkim na jej rozwoju.

www.andrewmoszczynski.com

Każdy z nas jest niepowtarzalny i wyjątkowy. Wszyscy rodzimy się z naturalną ciekawością świata, pragnieniem odkrywania, poznawania i tworzenia. Jak to się dzieje, że ta wyjątkowość, kreatywność, radość i swoboda ekspresji zatracają się gdzieś podczas dorastania i przypadającej na ten czas edukacji szkolnej? Czy powszechne systemy edukacji oparte na oświeceniowym przekonaniu, że wszyscy przychodzimy na świat jako „czysta tablica", którą można dowolnie zapisać, wspierają nasz rozwój i rozwijają nasze zdolności, czy jest wręcz przeciwnie? Czy szkoła, próbująca nas ukształtować według narzuconego przez system modelu i starająca się nas wpasować w ramy społecznych oczekiwań, na pewno jest warunkiem odniesienia sukcesu i spełnionego życia? Nie potwierdzają tego przykłady ludzi, którzy zdołali się wyłamać z tego systemu i pójść własną drogą. To samoucy – ci, którzy mimo braku formalnego, systemowego wykształcenia odnoszą sukcesy w przeróżnych dziedzinach i branżach, tworząc, wynajdując, unowocześniając, a często wręcz rewolucjonizując życie swoje i współczesnych im ludzi, czyniąc je lepszym i łatwiejszym.

Książka Sukcesy samouków – Królowie wielkiego biznesu, zawiera pięćdziesiąt biogramów nieprzeciętnych ludzi – przedsiębiorców samouków, którzy często wbrew ciężkim warunkom, biedzie i brakom szkolnej edukacji odnieśli w życiu wielkie sukcesy, w sposób zasadniczy wpływając na świat, jaki znamy. Niech będą one dla Ciebie dowodem na to, że spełnione życie i sukces zależą przede wszystkim od pracy i samodzielnego rozwoju, a nie od formalnego wykształcenia.

Szczegóły dostępne na stronie: www.andrewmoszczynski.com

Jak uwierzyć
w siebie

Zespół autorski:
Andrew Moszczynski Institute LLC

Redaktor prowadzący:
Alicja Kaszyńska

Zastępca redaktora prowadzącego:
Dorota Śrutowska

Redakcja:
Ewa Ossowska, Anna Skrobiszewska

Korekta:
Dorota Śrutowska

Konsultacja merytoryczna:
dr. Zofia Migus

Projekt graficzny:
Sowa Druk

ISBN: 978-83-65873-60-6

Wszelkie prawa zastrzeżone

Copyright © Andrew Moszczynski Institute LLC 2020

Andrew Moszczynski Institute LLC
1521 Concord Pike STE 303
Wilmington, DE 19803, USA
www.andrewmoszczynski.com

Licencja na Polskę:
Andrew Moszczynski Group sp. z.o.o.
ul. Grunwaldzka 472, 80-309 Gdańsk
www.andrewmoszczynskigroup.com

Licencję wyłączną na Polskę ma Andrew Moszczynski Group sp. z.o.o. Objęta jest nią cała działalność wydawnicza i szkoleniowa Andrew Moszczynski Institute. Bez pisemnego zezwolenia Andrew Moszczynski Group sp. z.o.o. zabrania się kopiowania i rozpowszechniania w jakiejkolwiek formie tekstów, elementów graficznych,
materiałów szkoleniowych oraz autorskich pomysłów sygnowanych znakiem firmowym AMI.

REKOMENDACJE

Piotr Borowiec

Jak żyć? To proste pytanie. A jednocześnie niezwykle otwarte. Trudno więc znaleźć odpowiedź, która prostotą i obszernością mogłaby mu dorównać. Bo *nie istnieje uniwersalny przepis na życie czy recepta na szczęście*. Na szczęście! Bo dzięki temu jest do czego w życiu dążyć. Więc człowiek docieka - gdyż jest to wpisane w jego naturę. I szuka – odpowiedzi czy metody. A, czasem, i nie szukając – natrafia... I nawet jeśli nie jest to odpowiedź wprost – tylko rodzaj podpowiedzi – to czemu nie skorzystać?

Na naprowadzające podpowiedzi i przykłady natknąłem się przy okazji nagrywania kolekcji audio-wykładów AMI. Poruszane w nich wątki dotyczą wnikliwości, wytrwałości, wiary w siebie, entuzjazmu, odwagi czy tego jak starać się być realistą. W trakcie nagrań w wielu miejscach utożsamiałem się z przedstawianymi treściami, a ich przekaz był dla mnie klarowny, interesujący i inspirujący. Sądzę, że *dla wielu osób wykłady te mogą być bardzo pomocnym narzędziem w próbie skonfrontowania się z samym sobą.*

A na pewno są ciekawym materiałem do przemyśleń w kontekście pytania: „Jak żyć?"

P.S. Przypomniały mi się słowa jednej z piosenek Wojciecha Młynarskiego, które – w swej lapidarności i trafności - przybliżają się do postawionego na początku pytania jako odpowiedź niemal idealna: „Do przodu żyj!" :)

Olgierd Łukaszewicz

Sam dość wcześnie wiedziałem, czego chcę, i dążyłem do osiągnięcia moich celów. Jednak dopiero w wieku dojrzałym zacząłem wnikliwej się sobie przyglądać i smakować życie. Cieszę się każdą jego chwilą. Chciałbym, by zawsze przynosiło mi ono satysfakcję.

Ludzie, zarówno młodzi, jak i ci starsi, dzięki tym wykładom – przystępnym i jasnym – mogą zdobyć wiedzę, która pozwoli im iść przez życie aktywnie i twórczo, czyli odczuwać jego pełnię. Te wykłady pokazują, że istotą pozytywnej zmiany, tak upragnionej przez nas, nie jest bierne oczekiwanie na zrządzenie losu, a świadomy rozwój i konsekwentne budowanie własnej dojrzałości. Uczą też, jak praktycznie wzmacniać wiarę w siebie, wnikliwość, wytrwałość, odwagę, entuzjazm i realizm – kluczowe cechy, które rzeczywiście pomagają spełniać marzenia i realizować najbardziej ambitne plany. Warto z tego skorzystać.

dr Zofia Migus

Patrząc na kolekcję wykładów przygotowaną przez Instytut i znając już ciekawą tematykę całości, zwróciłam uwagę na dwa aspekty. Przede wszystkim unikatowa forma przekazu treści. Większości z nas wyraz wykład kojarzy się ze statycznym, jednostronnym przekazem informacji. Uczeń, student, słuchacz siedział, a nauczyciel przekazywał treści dydaktyczne bardziej lub mniej interesująco. Jednak twórcy kolekcji odeszli od tego schematu. Wykłady zostały skonstruowane w inny sposób, dużo bardziej nowoczesny, chociaż nawiązujący do sokratejskich metod nauczania. Każdy z nich zawiera wiele pytań skierowanych do słuchacza, aby mógł już podczas czytania zatrzymać się i przemyśleć usłyszane treści. Wsparciem tego procesu są unikatowe ćwiczenia, które inspirują do formułowania własnych sądów i do tworzenia własnego punktu widzenia. To ogromna pomoc, a jednocześnie spełnienie zasady stosowania praktycznego działania w procesie poznawczym.

Drugi aspekt to przydatność publikacji. Moją uwagę zwróciło połączenie różnych kręgów odbiorców, zwłaszcza odbiorcy indywidualnego (w różnym wieku) z biznesowym. Autorzy wykładów wychodzą bowiem z nadzwyczaj słusznego, niestety nie zawsze docenianego założenia, że *na sukces firmy w głównej mierze składa się powodzenie każdego pojedynczego człowieka, który w niej pracuje*. Niezależnie od tego, jakie stanowisko zajmuje. W związku z tym dbałość o samopoczucie pracownika i jego życiową satysfakcję powinna stać się ważnym zadaniem dla zarządów firm i gremiów kierowniczych. Wykłady, które podejmują wiele ważkich tematów z dziedziny rozwoju osobistego mogą stać się istotną pomocą w realizacji tego zadania. Tym samym mogą przyczynić się do *wzmocnienia identyfikowania się z firmą, wzrostu motywacji, kreatywności, a także tolerancji na zmieniające się środowisko pracy*. Pomoże to w osłabieniu lub nawet eliminacji tak niekorzystnych zjawisk jak nadmierna absencja, fluktuacja kadr czy wypalenie zawodowe.

Jako filozof, nauczyciel i doradca biznesowy *polecam więc te kolekcję zarówno ludziom,*

pragnącym zmienić swoje życie prywatne, jak i firmom, których zamiarem jest stworzenie organizacji na miarę XXI wieku, efektywnej i satysfakcjonującej właścicieli oraz pracowników.

Grażyna Wolszczak

Wielką przyjemnością było dla mnie nagrywanie tych wykładów, bo ich tezy w dużym stopniu odzwierciedlają moje poglądy. *Jestem przekonana, że życie powinno przynosi satysfakcję, że trzeba myśleć pozytywnie, że każdy z nas potrzebuje wiary w siebie i innych kluczowych cech umożliwiających urzeczywistnienie własnych marzeń.* Wydaje się, że właściwie wszyscy dobrze o tym wiemy, ale czy na pewno? A jeśli nawet, to czy stosujemy tę wiedzę w praktyce?... Czy jesteśmy wystarczająco wnikliwi, żeby dostrzegać szanse, które życie nam stwarza?... Czy mamy w sobie dosyć wytrwałości, by zrealizować plany?... Czy odważnie wykorzystujemy swoje talenty i uzdolnienia?... Czy entuzjastycznie podchodzimy do zadań?... Czy jest w nas pozytywny realizm, który pozwala śmiało patrzeć w przyszłość i nie popadać w narzekanie?...

Niewiele osób na te wszystkie pytania odpowie „tak", mimo że *każdy chciałby mieć życie ekscytujące, przynoszące radość i dające poczucie spełnienia. Wierzę, że te wykłady mogą*

pomóc to osiągnąć, zwłaszcza tym, którzy po raz pierwszy zetkną się z literaturą z tej dziedziny. Zawierają cenne wskazówki i dużą dawkę praktycznej wiedzy o możliwościach rozwoju osobistego. Ta wiedza przekonuje, bo jest oparta na doświadczeniu ludzi, którzy potrafili zdobyć naprawdę wiele. Analiza ich postaw może stanowić prawdziwą zachętę do rozpoczęcia zmian we własnym życiu.

Jestem urodzoną optymistką. Moja szklanka jest zawsze do połowy pełna. Mimo różnych zawirowań życiowych wierzę, że jeśli człowiek jest zadowolony z życia, jeśli lubi siebie i innych, potrafi wyjść obronną ręką z każdej sytuacji, nawet bardzo trudnej. Cieszę się, że mogłam brać udział w realizacji tak inspirujących wykładów.

Spis treści

Jak uwierzyć w siebie.................. 23
Część utrwalająca..................... 77
Słowniczek........................... 113
Źródła i inspiracje.................... 121

Jak uwierzyć w siebie

Narrator
Każdemu z nas snują się po głowie marzenia. I to jest naturalne. Jak powiedziała kiedyś Margaret Deland: „Trzeba czegoś pragnąć, żeby żyć". Często jednak wraz z marzeniami pojawia się coś, co przeszkadza im się urzeczywistnić. Niewidzialna bariera, którą trudno pokonać. Jest nią brak wiary w siebie.

Od czego zależy to, czy marzenia nabiorą realnych kształtów? Od ich skali czy raczej od siły i chęci, które potrafimy wyzwolić, by je spełnić? Z pewnością niebagatelne znaczenie ma nasza moc sprawcza. Tworzy ją głębokie przekonanie, że jeśli wytyczymy cele, zostaną one zrealizowane. Ta moc jest istotnym elementem dojrzałej i stabilnej osobowości, wzmacnia chęć działania i pomaga przetrwać kłopoty. Czy chodzi tu tylko o pozytywną samoocenę? Otóż nie. Można być człowiekiem pozornie zadowolonym z siebie i jednocześnie biernym. Człowiekiem, który nie podejmuje nowych wyzwań. Myślenie o sobie w kategoriach: „Jestem super", przy jednoczesnym: „Lepiej się za to nie biorę, bo może się skończyć porażką", nie spowoduje, że w naszym życiu coś zmieni się na lepsze. Pozytywną zmianę przynosi dopiero działanie oparte na wierze w swoje możliwości, czyli na wierze w siebie.

Czym jest wiara w siebie, tak potrzebna, by marzenia zmienić w rzeczywistość? Spróbujemy odpowiedzieć na to pytanie. Zastanowimy się też, dlaczego tak często odczuwamy jej niedosyt. Przeanalizujmy, jakie czynniki osłabiają wewnętrzną ufność we własne możliwości i jak można ją wzmocnić. Pomogą nam w tym liczne przykłady osób, które osiągnęły życiową satysfakcję. Są wśród nich zarówno ludzie powszechnie znani, jak i zupełnie zwyczajni. Te historie pozwolą Ci zrozumieć, że dzięki wierze w siebie możesz zrealizować swoje marzenia. Kto bowiem, jeśli nie Ty, jest najbardziej odpowiednią do tego osobą?

Prelegent

W niedalekiej przeszłości cały świat zamarł na chwilę, gdy Felix Baumgartner skoczył z wysokości prawie 40 kilometrów na ziemię, a tym samym o niemal 8 kilometrów pobił rekord z 1961 roku należący do Josepha Kittingera. Wyobraź sobie najważniejszy moment tego skoku... Drzwi kabiny otwierają się. Człowiek w stroju kosmonauty siedzi na stopniu modułu, który wzniósł go na niewyobrażalną wysokość. Widzi zarysy kontynentów, oceany, cały świat tak daleki, że niemal nierealny... Jak bardzo musiał wierzyć w powodzenie swojej misji, by zdobyć się na odwagę i rzucić w tę otchłań?!

Co na temat tego brawurowego skoku mówili obserwatorzy?...Wyczyn szaleńca?... Niepotrzebne ryzyko?... Tak mógł sądzić tylko ktoś, kto nie znał szczegółów całego przedsięwzięcia, nie miał świadomości, jak gruntownie skoczek i jego ekipa przygotowywali się do tego spektakularnego wyczynu. Można uważać takich śmiałków za lekkomyślnych, a kiedy im się powiedzie, zbywać to lekceważącym komentarzem: „To obłąkańcy. Po prostu mieli szczęście". Ale... Podobnie oceniano też pierwsze próby wznoszenia się w powietrze lub zanurzania się w oceanie na głębokości niedostępne wcześniej człowiekowi. Udowadniano naukowo, że to szaleństwo graniczące z samobójstwem, działanie wbrew prawom fizyki. Czy to jednak nie dzięki takim „szaleńcom", ambasadorom niemożliwego, dokonuje się postęp cywilizacyjny? Zazwyczaj ludzie najpierw sprawdzają, że coś jest możliwe, na przykład latanie lub zagłębianie się w podwodny świat, a potem dopiero znajdują zastosowanie dla swojego odkrycia.

Łatwo akceptować dokonania przeszłości, bo znamy ich pozytywne skutki. Trudniej, jeśli myślimy o jakimś współczesnym ryzykownym wyczynie pojedynczej osoby. Częstokroć wydaje się pozbawiony głębszego sensu. Co skłania człowieka, świadomego zagrożeń i zdającego sobie sprawę z niebezpieczeństw, do szukania nowych wyzwań?… Zapewne marzenia o czymś niedoścignłym, o czymś, co znajduje się nie na wyciągnięcie ręki, lecz daleko… pozornie nawet zbyt daleko, by po to sięgnąć. Czy jednak same marzenia wystarczą?… Niestety nie. Żeby przerodziły się w inicjatywę, a ta z kolei w konkretne działanie, potrzebna jest wiara w powodzenie misji.

Narrator

Dążenie do przekraczania granic ludzkich możliwości, sięganie po nieosiągalne, zaglądanie poza horyzonty, niepohamowana chęć zgłębiania tajemnic – zawsze pchały świat do przodu. I nadal tak jest. Ludzkość nie rozwijałaby się, gdyby przestała pokonywać kolejne przeszkody. Żadne osiągnięcie człowieka nie jest jego ostatnim dokonaniem. Każde otwiera nowe możliwości, wskazuje nowe cele, którymi może się zainspirować każdy z nas z osobna, choć nie jest to takie proste, jakby się wydawało. Na czym polega trudność? Wbrew pozorom nie są to utrudnienia zewnętrzne, tylko wewnętrzne, czyli takie, które sami sobie stwarzamy – bariery z naszych lęków i obaw. A te, jak pewnie się nie raz przekonałeś, pokonać jest bardzo trudno, jeśli brakuje Ci wiary w siebie. Warto ją zatem wykształcić, bo będzie działała na Twoją korzyść, a dodatkowo wyzwoli wiele innych pozytywnych cech. Jakich? Wnikliwość, wytrwałość, odwagę, entuzjazm i jeszcze kilka podobnych, które będą Cię wspierać w drodze do celu.

Prelegent

Przywołajmy w tym miejscu sylwetkę człowieka, który dzięki wierze w siebie zrealizował życiowe cele… nawet chyba z naddatkiem! To Abraham Lincoln… Ten ceniony prawnik doskonale sprawdzał się w swoim zawodzie, ale w pewnym momencie poczuł, że to nie prawo, a polityka pociąga go najbardziej. Nie od razu odnosił sukcesy. Wręcz przeciwnie, najpierw doznał pasma porażek. Lincoln kilkakrotnie ubiegał się o miejsce w senacie. Bez powodzenia. Nie dopuścił jednak do siebie myśli o rezygnacji. Nie poddał się zwątpieniu. Pracował nad sobą jeszcze intensywniej. Bezustannie się uczył. Zdawał sobie sprawę, iż to właśnie wiedza jest czynnikiem, który go wzmacnia. Podobnie jak Biblia. Czego szukał w Świętej Księdze?… Siły… Wytrwałości… Wiary… Biblia ukształtowała jego poglądy. Z niej wyniósł między innymi przekonanie, że wszyscy ludzie są równi i nikt nie ma prawa czuć się lepszym od innych. Jego wiara w słuszność głoszonych poglądów oraz we własne możliwości tak bardzo poruszyła obserwatorów debaty między nim a Stephenem Douglasem w walce o miejsce w senacie, że przyniosła mu sławę, choć senatorem nie został. Moglibyśmy powiedzieć, że przegrał bitwę, ale wygrał wojnę – najpierw tę własną, polityczną, kiedy w 1860 roku został 16. prezydentem Stanów Zjednoczonych, a potem wojnę secesyjną ze zbuntowanymi stanami południowymi. Pięknie zapisał się na kartach historii swego kraju. *Proklamacja emancypacji* jego autorstwa otworzyła drogę do zniesienia niewolnictwa w Stanach Zjednoczonych. Przed jego prezydenturą wydawało się to niemożliwe.

Wiara nakierowana na odniesienie sukcesu nada siłę każdej Twojej myśli. NAPOLEON HILL

Nie tylko politykom wiara w siebie pozwoliła realizować plany. Aktora Harrisona Forda zna w tej chwili niemal cały świat, sukces jednak nie przyszedł mu łatwo. Nie był tak zwanym cudownym dzieckiem. Nie miał zaplecza finansowego w postaci bogatej rodziny. Jego ojciec pracował w agencji reklamowej, a matka zajmowała się domem. Ford marzył o tym, by zostać spikerem radiowym, bo spodobała mu się praca w szkolnej rozgłośni. Niestety, radio w Los Angeles, dokąd wyjechał, porzuciwszy szkołę, nie doceniło jego talentu i upragnionego angażu nie dostał. Wtedy właśnie rozpoczął starania o role w filmach. I je otrzymywał, ale... były to role tak epizodyczne, że nazwisko Ford nie pojawiało się nawet na ostatnich miejscach listy obsady. Był zwyczajnym statystą ze zbyt małymi apanażami, by utrzymać z nich siebie i rodzinę. Chcąc zarobić na życie, zajął się stolarką. (Swoją drogą, ciekawe, ile teraz mogą kosztować zrobione kiedyś przez niego meble!). Aktorstwa jednak nie porzucił. Uparcie przyjmował każdą najmniejszą rolę, by ćwiczyć się w upragnionym zawodzie. Wierzył, że kiedyś jego starania przyniosą owoce. I tak się stało, gdy poznał George'a Lucasa, który otworzył mu drogę do sławy.

Wśród ludzi, którym wiara w siebie pomogła spełnić marzenia, są również sportowcy. Także z niepełnosprawnościami... W sierpniu 2012 roku w Londynie odbyła się paraolimpiada, czyli igrzyska olimpijskie osób niepełnosprawnych. W różnych dyscyplinach sportowych startowali ludzie dotknięci przez los, a jednak wierzący w swoje możliwości. Dla zawodników ważniejsza niż miejsce na podium była walka z własnymi ograniczeniami. Złoty medal w tenisie stołowym, podobnie jak cztery i osiem lat wcześniej, zdobyła na tych igrzyskach Polka – Natalia Partyka. To zawodniczka bez prawego przedramienia, odnosząca od wielu lat niezwykłe sukcesy. Startuje w zawodach zarówno pełnosprawnych, jak i niepełnosprawnych sportowców i... zajmuje najwyższe lokaty w obu grupach. Skąd u Natalii ta pewność i wiara, że da radę?... Nigdy nie myślała o sobie jak o inwalidce. Stała się prawdziwą przyjaciółką siebie samej. Postawa Natalii i podobnych do niej sportowców dowodzi, że nawet niepełnosprawność nie musi być przeszkodą w realizacji marzeń i osiąganiu sukcesów, jeśli wierzy się w siebie i swoje możliwości.

Narrator
Budujących przykładów jest bardzo wiele. Trochę nas onieśmielają, bo poznajemy je dopiero wówczas, gdy stykamy się z czyimiś sukcesami. Wydaje nam się, że dotyczą osób, które zawsze były wyjątkowe. Że takie się urodziły. Pamiętajmy jednak, że to nie urodzenie zadecydowało o ich powodzeniu, lecz konsekwentne dążenie do celu, z głęboką wiarą w jego osiągnięcie.

Naszedł czas, by zdefiniować pojęcie wiary w siebie. Władysław Kopaliński w Słowniku mitów i tradycji kultury wyjaśnia, że wiara w pojęciu ogólnym to „przeświadczenie, ufność, że coś jest prawdą, że się spełni". Kluczem do zrozumienia pojęcia „wiara" jest słowo „przeświadczenie". Jesteśmy o czymś przeświadczeni, to znaczy wiemy, choć nie zawsze potrafimy powiedzieć dlaczego. Mamy do siebie zaufanie i przesłanki, by wierzyć. Jeśli wierzymy w Boga, przesłanką tej wiary będzie zaufanie do mądrości Biblii. Jeśli wierzymy w miłość macierzyńską, to przesłanką będzie codzienna opieka, nieustająca chęć pomocy i życzliwość. Jeśli wierzymy w przyjaźń, wiarę tę opieramy na zrozumieniu i współprzeżywaniu dobrych i złych chwil.

Wiara w siebie jest więc mocnym przeświadczeniem, czyli rodzajem przeczucia, że to, co zamierzamy zrobić lub już realizujemy, przyniesie w bliższej lub dalszej przyszłości oczekiwane efekty, że podjęte przez nas działanie ma sens... To przeświadczenie opiera się na poczuciu własnej wartości, którego podstawą jest nasza wiedza i doświadczenie. Amerykański pisarz Napoleon Hill nazywa wiarę w siebie „chemią ludzkiego umysłu" i twierdzi, że kiedy łączy się ona z pozytywnym myśleniem, człowiek jest w stanie osiągnąć niewyobrażalnie wiele. Pozytywne myśli, nasączone uczuciami, porównuje do ziaren umieszczonych w żyznej glebie, które kiełkują, rosną i wydają kolejne ziarna stające się wartością dla tych, którzy je rozsiali.

Prelegent
Kiedy Filippo Brunelleschi stanął do konkursu na projekt kopuły wieńczącej katedrę Santa Maria del Fiore, miał już 40 lat. Był znanym rzeźbiarzem i złotnikiem. Dużo wiedział na temat zasad rządzących budownictwem, ale... w dziedzinie architektury nie miał żadnego osiągnięcia, które gwarantowałoby mu sukces. Nadszedł 1418 rok. Budowę świątyni rozpoczęto ponad 100 lat wcześniej. W ciągu pierwszych 80 powstał zaledwie korpus budowli, a i ten zburzono po zmianie projektu. Nowy plan przewidywał zwieńczenie katedry ogromną kopułą, wspartą na ośmiokątnym bębnie. Miał się on wznosić 13 metrów powyżej sklepienia nawy głównej i mieć szerokość wewnętrzną równą 42 metrom. Wielu architektów twierdziło, że

zamknięcie kopułą takiej konstrukcji jest niemożliwe. Budowniczowie katedry, nie widząc innego wyjścia, ogłosili konkurs. Do rywalizacji stanęło kilkunastu śmiałków. Wśród nich Brunelleschi, który także przedstawił swój projekt. Początkowo nie zyskał poparcia. Komisja uznała, że zbudowanie kopuły bez rusztowań (tak jak proponował wielki budowniczy), nie może się powieść. On sam był przekonany, że jego pomysł jest możliwy do realizacji i rzeczywiście dobry. Ostatecznie otrzymał upragnione zlecenie. Realizował je przez 18 lat, z wieloma trudnościami. Najpierw zlecono mu wykonanie kopuły tylko do pewnej wysokości i długo wstrzymywano się z decyzją, komu zostanie powierzone dokończenie prac. Potem dostał niekompetentnego współpracownika, a do tego jeszcze musiał sam wyprodukować potrzebne narzędzia i urządzenia. Mimo to znakomicie wywiązał się z zadania. W 1436 roku katedra we Florencji została poświęcona. Filippo Brunelleschi spełnił swoje marzenie dzięki ogromnej wierze w siebie opartej na mocnych podstawach: poczuciu własnej wartości oraz wiedzy z różnych dziedzin, pozwalającej przewidzieć stabilność i trwałość przyszłej konstrukcji. Pomogły mu też istotne cechy osobowości, między innymi wytrwałość i wnikliwość.

Człowiek jest tym, w co wierzy. ANTONI CZECHOW

W jaki sposób zbudować tak wielką wiarę w siebie?... Czy jest na to przepis?... Jednego przepisu nie ma. Tak jak nie ma jednego przepisu na jakąkolwiek potrawę na świecie, w tym nawet tak prostą, jak zupa jarzynowa. Prędzej czy później w którymś miejscu napotkamy zwrot typu: soli i pieprzu do smaku. Nikt też dokładnie nie określi proporcji warzyw, a jeśli nawet, to na ostateczny smak będzie miało wpływ ich pochodzenie, stopień dojrzałości i miejsce przechowywania. Co nie znaczy, że przepis nie istnieje, tyle że... powinniśmy dostosować go do posiadanych produktów wyjściowych.

Jak mógłby brzmieć przepis na wiarę w siebie?... Odkryj własne możliwości. Dodaj do tego swoją dobrze poznaną osobowość i wynikającą z niej optymalną samoocenę. Określ wartości nadrzędne i gotuj w mocnym wywarze z wiedzy oraz dotychczasowego doświadczenia. Okraś dobrymi kontaktami z ludźmi. Dopraw odpowiednią dawką pokory i szczyptą wątpliwości. Trzymaj w cieple marzeń przez całe życie. Podawaj w postaci planów, celów i inicjatyw.

Narrator
Brzmi jak piękna teoria, prawda?… Jedynie od Ciebie zależy, czy zamienisz ją na jeszcze piękniejszą praktykę. Postaraj się zrealizować ten przepis punkt po punkcie… A potem zadbaj o to, by nie zepsuć efektu dodatkiem arogancji i megalomanii, która nie ma nic wspólnego z wiarą w siebie, bo skupia się nie na realizacji planów, a na podziwianiu własnej doskonałości. Pamiętaj o ludziach w Twoim otoczeniu. Bądź dla nich życzliwy, a przy tym skromny i pokorny. To oznaka prawdziwej mądrości. Człowiek prawdziwie mądry nie wywyższa się i nie ma ambicji bycia lepszym od innych. Chce być tylko lepszym… od siebie z wczoraj!

Czy wiara w siebie daje gwarancję powodzenia i zapewnia odnoszenie życiowych zwycięstw – jednego za drugim?… Oczywiście, nie! Do tego potrzebne jest także spełnienie innych warunków. Chodzi o realistyczne określenie własnych możliwości oraz budowanie przyszłego powodzenia na rzetelnych podstawach. Co to za podstawy?... Przede wszystkim ugruntowany system wartości, znajomość siebie oraz ciągłe uzupełnianie wiedzy.

Prelegent
Skąd czerpać wiarę w siebie? Wyrasta ona z poczucia własnej wartości. Sądziłeś, że obydwa pojęcia oznaczają to samo?... Otóż nie, są zbliżone, ale nie jednoznaczne! Różnią je pewne istotne szczegóły. Poczucie własnej wartości dotyczy przeszłości i teraźniejszości. Opiera się na faktach, które już zaistniały, na wartościach nadrzędnych, akceptacji siebie, znajomości swoich mocnych i słabych stron oraz na dobrych kontaktach z innymi. Wiara w siebie natomiast dotyczy tego, co dopiero ma się wydarzyć, co planujemy i zamierzamy zrobić.

Wiedzę buduje się z faktów, jak dom z kamienia; ale zbiór faktów nie jest wiedzą, jak stos kamieni nie jest domem. JULES HENRI POINCARÉ

Zdobywanie szczytów Ziemi, podobnie jak pokonywanie granic własnych możliwości, opiera się na wiedzy, a jednocześnie zwiększa jej zasób. Nie chodzi jedynie o to, że do wejścia na szczyt i do zdobycia celu trzeba się solidnie przygotować. Ze szczytu góry widzi się więcej i dalej. Z większym zasobem wiedzy też widzi się więcej i więcej rozumie. W obu przypadkach rozszerzają się horyzonty. Zdobywanie gór i zdobywanie wiedzy wciąga tak samo. Zarówno alpinistę, jak i badacza kolejne dokonania uspokajają na krótko. W chwilę po osiągnięciu szczytu obaj pragną sięgnąć po więcej. Już, zaraz, teraz... by zobaczyć z bliska to, co pokazało się w dalekiej perspektywie.

Narrator
Brak wiedzy to duże niebezpieczeństwo. Człowiek jej pozbawiony czuje się niepewnie. Jest podatny na manipulację i w wielu sytuacjach bezradny. Zaczyna na przykład wierzyć w predestynację, czyli przeznaczenie. Przeznaczenie oznaczające w tym przypadku brak możliwości wpływu na własny los. Sprowadza ono człowieka do roli kukiełki, której poczynaniami kieruje

ktoś inny... wyższy i potężniejszy. Człowiekowi wierzącemu w przeznaczenie wydaje się, że żyje w przezroczystej kuli. Może poruszać się w jej obrębie, ale nie może z niej wyjść. Z czasem dochodzi do wniosku, że nie warto nawet próbować, bo jego miejsce – bez względu na to, co zrobi – jest z góry wyznaczone. A jeśli czuje się nieszczęśliwy?... No, cóż... Widocznie tak miało być!

Prelegent
Czy można zgodzić się z twierdzeniami o predestynacji? Zastanówmy się! Dlaczego niezależni finansowo i szczęśliwi nie tłumaczą zazwyczaj swoich sukcesów losem, przeznaczeniem – nie mówią, że „tak miało być"? Wskazują raczej, że to wynik własnej pracy, dokonywanych wyborów, niekiedy dodają, że mieli przy tym odrobinę szczęścia. W przeznaczenie, rozumiane jedynie jako smutna konieczność, pogodzenie się z losem wierzą przeważnie ludzie biedni i niewykształceni, ci, którym się nie powiodło. Człowiek wywodzący się z takiej rodziny, żeby zmienić swoją sytuację, musi pokonać barierę niemożności charakterystyczną

dla ludzi ze swojego otoczenia. Jeśli mieszka na ubogiej wsi, a jego przodkowie zajmowali się głównie pracą fizyczną dla innych, może nawet nie dostrzec możliwości, które otworzyłyby się przed nim, gdyby tylko chciał spróbować żyć inaczej. Na ekranie telewizora widzi bohaterów seriali, których na wiele stać, ale nie wierzy, że w jego przypadku też jest to możliwe. Zachowuje się jak orzeł z opowiastki cytowanej kiedyś przez Anthony'ego de Mello: W pewnym gospodarstwie kura wysiedziała kilka jaj. Po odpowiednim czasie wykluły się z nich pisklęta. Jedno w niczym nie przypominało delikatnego żółtego kurczaczka. Było wyraźnie większe, miało szponiaste pazury i silny zakrzywiony dziób. Najwyraźniej nie była to kura, tylko orzeł! Pisklak dojrzewał w przekonaniu, że jest dorodnym kogutem. Jadł robaki i grzebał w ziemi. Gdy dorósł, nauczył się latać, ale robił to dość dziwnie. Podobnie jak obserwowane wokół kury pokonywał w powietrzu zaledwie kilka metrów i to nisko nad ziemią. Kiedyś dorosły już orzeł zobaczył ptaki krążące wysoko na niebie, jednak do głowy mu nie przyszło, że ma takie same możliwości.

Zestarzał się i umarł w stadzie kur, do końca przekonany, że jest jedną z nich.

Czego zabrakło orłowi? **Wiedzy i wiary w siebie!** Tego samego brakuje wielu ludziom. Całe życie spędzają ze wzrokiem wbitym w ziemię i ani przez chwilę nie pomyślą, że mogą osiągnąć znacznie więcej niż otoczenie, w którym na co dzień żyją. Nie rozumieją swojej sytuacji. Marnują kolejne dni i miesiące. Gdyby podnieśli głowę trochę wyżej, mogliby spojrzeć w oczy marzeniom i pójść w ich kierunku. Byłoby to łatwiejsze, gdyby zostali wyposażeni w odpowiednią wiedzę albo... sami ją zdobyli.

> Postęp to znaczy lepsze, a nie tylko nowe.
> LOPE DE VEGA

Ktoś może powiedzieć: „No, dobrze... ale przecież wszyscy chodzimy do szkoły! W większości społeczeństw rozwiniętych to nie tylko prawo, lecz także obowiązek. Nauka trwa zazwyczaj przynajmniej 10 lat. Czy to nie wystarczy, by nauczyć się żyć świadomie?!". Nie, nie wystarczy! Rzadko która szkoła i rzadko który nauczyciel pokazuje uczniom konsekwencje kolejnych wyborów: kierunku dalszej nauki, zawodu, miejsca zamieszkania czy partnera życiowego. Nie uczy się też metod gospodarowania pieniędzmi, a przygotowanie do życia w rodzinie i społeczeństwie jest traktowane po macoszemu. To powoduje, że wchodzimy w dorosłe życie z nadziejami... tyle że opartymi na niczym. Efektem jest rozczarowanie, co pociąga za sobą rezygnację z szukania nowych dróg rozwoju i utratę poczucia własnej wartości, a w konsekwencji także wiary w siebie.

Warto w tym momencie rozdzielić pojęcie wiedzy od pojęcia szkoły. Szkoła nie jest jedynym miejscem, gdzie można zdobywać wiedzę. Niektórzy ludzie – jak Thomas Edison, jeden z najbardziej znanych wynalazców na świecie – nie nadają się do nauki w systemie edukacji, który zmusza, by wszyscy w równym tempie przyswajali tę samą porcję wiedzy. Na szczęście w życiu dorosłym każdy z nas jest autorem własnego programu nauczania i może wybrać, czego, kiedy i w jaki sposób się będzie uczył. Jeśli na przykład nie przepadasz za czytaniem lub ze względu na wzrok nie możesz czytać – słuchaj... oglądaj... doświadczaj. A najlepiej łącz różne techniki edukacji. Może myślisz: „Po co mi to i tak nie zostanę geniuszem". A skąd wiesz?... Stephen Hawking, brytyjski astrofizyk i matematyk, dziś sława w swojej dziedzinie, był dobrym, ale nie wybitnym uczniem. Studiował nauki przyrodnicze i astronomię. Do tej pory stale pogłębia wiedzę i realizuje coraz to nowe projekty naukowe o dużym stopniu trudności. Nie przeszkodziła mu w tym nawet nieuleczalna i stale postępująca choroba.

Narrator
Może warto więc zmienić swoje podejście do uczenia się? Znaleźć najlepszy dla siebie sposób nauki? Początki zapewne będą żmudne, jak wspinaczka przez gęsty las, kiedy dookoła niewiele widać, a szczyt wydaje się nieskończenie daleki. Pomyśl jednak o celu, do którego zmierzasz... Zdobycie góry, czyli zrealizowanie marzenia, warte jest Twojego wysiłku!

Wiedza to jednak jeszcze nie wszystko. W kształtowaniu wiary w siebie bardzo ważne są kontakty z ludźmi. Bez współpracy z innymi trudno cokolwiek osiągnąć. Zrealizowanie marzeń w samotności jest niemal niemożliwe i przypuszczalnie nie sprawia tak dużej przyjemności, jak przeżywanie tego typu doświadczeń wspólnie z innymi.

Prelegent
Pamiętasz może warszawską legendę o złotej kaczce? Jej bohater dostał od złotej kaczki mnóstwo pieniędzy. Pod dwoma warunkami: że wyda je w jeden dzień i że wyda je wyłącznie na siebie. Przekonał się jednak, że wydawanie na siebie nie jest tak łatwe i tak miłe, jak sądzą ci, którzy pieniędzy nie mają. Można tę zasadę uogólnić. Jeśli nie mamy z kim dzielić się wrażeniami, smutkami i radościami, przyjemnościami i przykrościami, życie nie będzie nam smakować. Nawet jeśli na początku zachłyśniemy się wielością możliwości, to wcześniej czy później poczujemy samotność, dojmującą samotność.

Na co się przydaje wiedza, jeśli nie służy człowiekowi? RAOUL FOLLEREAU

Wszystko jednak powinno się robić z umiarem. Kontakty z ludźmi są niezbędne, ale nie można się od nikogo uzależniać. Skąd się bierze takie uzależnienie? Wróćmy na chwilę do czasów dzieciństwa, kiedy dla naszego bezpieczeństwa poruszaliśmy się w granicach wyznaczonych przez dorosłych: „tak dobrze...", „tak źle...", „to możesz"..., „tego nie wolno". Chcieliśmy w jakiś sposób okazać, że kochamy swoich rodziców, szanujemy nauczycieli. Chcieliśmy też uniknąć kary. Czym się to przejawiało? Posłuszeństwem, przynajmniej w pierwszym okresie życia. Niestety, często to posłuszeństwo przechodzi wraz z nami w dorosłość i zmienia się w uległość. Wyuczony model zachowania przenosimy na współpracowników, szefów, kolegów i przyjaciół. Za bardzo zwracamy uwagę na innych i... tracimy samodzielność myślenia oraz działania. Może potrafilibyśmy pofrunąć na skrzydłach marzeń, ale mamy wrażenie, że inni trzymają nas na niewidzialnych nitkach, podobnych w działaniu do sznurka, który nie pozwala latawcom wzbić się wyżej, niż chce ich właściciel.

Czy jako dorosły człowiek zamierzasz brać pod uwagę te wszystkie ograniczenia stwarzane przez innych?... Czy chcesz być tak zależny?... Tak manipulowany?... Raczej nie! Jak więc odróżnić nitki, które nie pozwolą nam rozwinąć skrzydeł, od tych, które są konieczne dla funkcjonowania społeczeństwa?... Wyznacznikiem jest kryterium krzywdy. Jeśli Twój zamysł nikogo nie krzywdzi, a jedynie wzbudza protest, bo różni się od postępowania przeciętnego człowieka z Twojego środowiska, nie wahaj się! Ktoś może zdziwić, że na tak wiele spraw się nie godzisz... że jesteś inaczej zorganizowany... że masz potrzeby, których inni nie odczuwają. Takie zdziwienie nie potrwa długo. Twoje otoczenie prędzej czy później się przyzwyczai. Reakcje w postaci niezadowolenia czy wyśmiewania będą słabnąć, a w końcu zupełnie ucichną. Wielu zacznie nawet myśleć z zazdrością: „Szkoda, że ja tak nie potrafię!".

Narrator
Jeśli rezygnujemy z realizacji marzeń z obawy przed negatywną reakcją otoczenia, nie możemy mieć do nikogo pretensji. To od nas zależy, kiedy powiemy: „Nie, nie zgadzam się na to". Dlaczego więc tak trudno nam się uwolnić od negatywnych wpływów innych ludzi? Dobre pytanie! Można powiedzieć, że w pewnym sensie

jest to bezpieczne. Jeśli ktoś inny trzyma za sznurki, czujemy się wolni od konieczności podejmowania decyzji. W razie niepowodzenia możemy użyć formuły: „To ty mi tak doradziłeś!"... „Trzeba było mi zakazać"... „nakazać"... „wytłumaczyć!".

Pomyśl teraz, czy czasami nie wzmacniasz tych wszystkich sznurków i nitek swoim postępowaniem? Czy, jeśli masz do zrobienia coś, co jest dla Ciebie ryzykowną nowością, nie szukasz kogoś, kto Cię zastąpi, bo „zrobi to lepiej"? A jeśli coś Ci się nie powiedzie, czy nie rozglądasz się wokół, żeby znaleźć winnego? Konsekwencje porażki, złego wyboru, błędów i pomyłek są przykre, jednak warto je przeżyć i... wykorzystać w dalszym życiu.

Prelegent
W akceptacji pomyłek pomaga przypomnienie sobie zdania wypowiedzianego przez Edisona: „Nie poniosłem porażki. Po prostu odkryłem 10 tysięcy błędnych rozwiązań!". Ania z Zielonego Wzgórza, popularna bohaterka książek dla dziewcząt, urodzona optymistka, twierdziła, że w jej przypadku pocieszające jest to, że

nigdy dwa razy nie robi tego samego błędu. Czyż wielu z nas nie może powiedzieć tego samego!? Zawsze warto mieć świadomość, że „błądzić jest rzeczą ludzką" i nie traktować porażki jak klęskę. Co w zamian? Niepowtarzalny smak zwycięstwa (głównie nad sobą) odniesionego samodzielnie. Jeśli zaczniesz podejmować suwerenne decyzje, osiągnięcia będziesz mógł przypisać sobie. To sprawi Ci ogromnie dużo radości i przyczyni się do wzmocnienia wiary w siebie. Każde kolejne ryzyko będziesz przyjmować z dużo większym spokojem i przekonaniem, że potrafisz znaleźć wyjście nawet z niełatwej sytuacji. Warto więc się uwolnić i żyć według własnych przekonań.

> Duża część postępu w nauce była możliwa dzięki ludziom niezależnym lub myślącym nieco inaczej. CHRIS DARIMONT

Jakie korzyści przyniesie Ci prawdziwa wolność? Najpierw trochę strachu: „Co teraz?"… „Gdzie oparcie?"… „Jak to? Wszystko mogę?"… „Co to znaczy wszystko?"… „A jak się na sobie zawiodę?"… Te pytania jednak szybko znikną, gdy spróbujesz na nie odpowiadać krótko i zwięźle: „Teraz ja decyduję o własnym życiu", „Oparcie mam w poczuciu własnej wartości", „Mogę wszystko, ale nie wszystko wybieram", „Wybieram jedynie to, co zostanie zaakceptowane przez moje wewnętrzne ja". Jeśli chcesz uwierzyć w siebie, nie możesz pominąć tego etapu, mimo że jest on trudniejszy od innych. Przemiana Twoich przyzwyczajeń zmieni nawyki Twoich bliskich, choć prawdopodobnie nie od razu, chyba że masz naście lat. Wtedy wszyscy rozumieją, że dorastasz i masz prawo do buntu. Przy stawaniu się niezależnym nie zapominaj o szacunku dla innych. Dostrzegaj okazje, które pozwolą Ci przejawić ciepłe uczucia. Może to być pamiętanie o ważnej dla kogoś rocznicy, oferowanie pomocy, jeśli taka jest potrzebna, lub zwykłe pytanie o zdrowie. Niezależność nie oznacza braku uczuć. Powinny jej towarzyszyć altruizm i empatia, teraz niewymuszone, a więc znacznie bardziej wartościowe! Wydaje Ci się to niemożliwe? Niesłusznie, wymaga jedynie ćwiczeń i asertywności.

Jak postępować, by wprowadzić te wskazówki w życie?... Rozpocznij od podejmowania decyzji dotyczących własnej osoby. Najpierw w drobnych kwestiach: rozstrzygnięć w sprawie ubioru, wyboru pory posiłku, odmowy zmiany planów tylko dlatego, że ktoś tego chce. To nikomu nie szkodzi, nikogo nie krzywdzi. Uzasadniaj swoje postanowienia miłymi słowami, ale się nie tłumacz. Tłumaczyć powinieneś się jedynie wtedy, gdy nie dotrzymasz słowa lub terminu albo nie możesz wypełnić przyjętych na siebie obowiązków. W pozostałych przypadkach decyzja to jedynie Twoja sprawa. Ważne, by Twoim wyborom nie towarzyszyły negatywne emocje: złość, arogancja lub zniecierpliwienie. Rodzina i przyjaciele słusznie poczuliby się urażeni. Skupiliby się na tym, jak mówiłeś, a nie, co mówiłeś.

Narrator
Czy wierzysz już, że jesteś jedyną osobą, która może zrealizować Twoje marzenia, i nikt inny tego za Ciebie nie zrobi? Możesz tego dokonać, jeśli wzmocnisz wiarę w siebie, czyli zdobędziesz głębokie przeświadczenie, że zrealizujesz zamiary. Słuszności takiego postępowania dowodzą liczne przykłady: Filippo Brunelleschi,

Abraham Lincoln, Natalia Partyka czy Stephen Hawkins. Każda z tych postaci może być dla Ciebie inspiracją.

Podsumowując dotychczasową treść, warto podkreślić, że wiara w siebie nie tylko pozwoli Ci spełniać marzenia. Dzięki niej łatwiej także zniesiesz porażki. Te ostatnie zaczniesz traktować nie jak powód do narzekania, ale jak naukę. To ważne, bo unikniesz generalizowania i przyjmowania pojedynczych potknięć i niepowodzeń jako stałej tendencji. Postaraj się o mocny fundament – poczucie własnej wartości, oparte na wartościach nadrzędnych, znajomości siebie oraz dogłębnej wiedzy. Staraj się utrzymywać przyjazne kontakty z ludźmi, ale dbaj o suwerenność swoich decyzji.

W kształtowaniu wiary w siebie dużą rolę odgrywają także takie czynniki, jak: pasje, impulsy motywujące, czyli inspirujące programy i książki, tworzenie wizji życia i odpowiednie wytyczanie celów. Posłuchajmy teraz, jak z nich korzystać. Zastanówmy się także, w jaki sposób radzić sobie z pojawiającymi się przeciwnościami, wśród których są lęki i poczucie winy.

Prelegent
Mam pasję. Prawda, że świetnie brzmi?... Pasja to taki rodzaj zainteresowania, któremu poświęcamy większość wolnego czasu. Nie zawsze ma okazję ujawnić się w dzieciństwie, chociaż wtedy o to najłatwiej. Jeśli szkoła jest kreatywna, w uczniach ujawniają się talenty, które przeradzają się w pasje. To, niestety, nie jest reguła!... Co więc, jeśli szkoła, do której chodziliśmy, okazała się zupełnie zwyczajna? Czy stoimy na przegranej pozycji i jesteśmy skazani na przeciętność?... W żadnym wypadku! Talent można odkryć w każdym momencie życia. Jest duża szansa, że przerodzi się w pasję.

Wielu z nas uważa, że nauka, praca i rodzina zajmują tak wiele czasu, iż na rozwijanie zainteresowań już go nie starcza. To niezupełnie prawda!... Czy zauważyłeś, że jeśli bardzo chcesz uczestniczyć w jakimś spotkaniu towarzyskim, to przeważnie potrafisz tak poprzesuwać zajęcia, żeby znaleźć wolny wieczór? Dokładnie tak samo można wygospodarować czas dla swoich pasji i nie odkładać tego na „kiedyś". „Kiedyś" najczęściej oznacza „nigdy", a wystarczyłoby tylko zmienić organizację dnia!

Trzeba czegoś pragnąć, żeby żyć. MARGARET DELAND

Gdzie szukać wolnego czasu?... Przyjrzyjmy się jednemu z obszarów, w których go tracimy. Policzmy godziny spędzone na oglądaniu telewizji. Wielu z nas twierdzi, że przed telewizorem siedzi najwyżej godzinę dziennie. No, może w weekendy po trzy godziny. Wydaje się niewiele. Spróbujmy zatem policzyć, ile to jest w ciągu tygodnia! 11 godzin! A w miesiącu? Przy założeniu, że miesiąc ma cztery tygodnie, wychodzą 44 godziny. W roku – prawie nie do uwierzenia – jest to już 528 godzin, czyli pełne 22 dni i noce bezpowrotnie utracone na wpatrywaniu się w szklany ekran. Dużo? Szokująco dużo! Za dużo! Nawet jeśli część z tych godzin zajmują programy edukacyjne czy inspirujące filmy. Dlaczego tak się dzieje? Oglądanie telewizji kojarzymy z odpoczynkiem, stąd przeradza się ono w codzienny nawyk trudny do wyeliminowania. Podobnym nawykiem może stać się granie w gry komputerowe lub spędzanie czasu na portalach społecznościowych. Czy to jest złe? Póki nad tym panujemy, nie. Jeśli jednak zaczyna nam przesłaniać inne ważne aktywności, to mamy powód, aby poważnie się nad tym zastanowić.

Narrator
Poradziliśmy sobie ze znalezieniem czasu, jak jednak odszukać pasję, która wypełni nam wolne chwile i wzmocni wiarę w siebie? Przede wszystkim warto być otwartym na świat. Co to znaczy?... Jeśli trafia się okazja, próbuj czegoś nowego lub wracaj do porzuconych marzeń. Dotąd nie grałeś na pianinie, a masz możliwość spróbować? Spróbuj! Od czasów szkolnych nie trzymałeś w ręku pędzla, a w pobliskim domu kultury rozpoczynają się zajęcia dla dorosłych właśnie z rysunku? Jeśli przemknęła Ci przez głowę myśl: „A może by tak...?", nie zastanawiaj się, idź tam! Nigdy nie jeździłeś na nartach, a znajomi proponują zimowy wyjazd w góry? Pakuj plecak i ruszaj z nimi! Nie wymawiaj się wiekiem, brakiem kondycji czy umiejętności narciarskich. Bo jeśli nie teraz, to kiedy?!... Nie rezygnuj tylko dlatego, że jeszcze nigdy czegoś takiego nie robiłeś. Wręcz przeciwnie: fakt, że czegoś nie robiłeś, może być najlepszym impulsem

motywującym, by – kiedy nadarza się okazja – spróbować tego po raz pierwszy życiu.

Prelegent
Co jeszcze może być impulsem motywującym? Ludzie oraz książki i programy, które wzmacniają nasze decyzje i pozwalają utrzymywać stan motywacji na poziomie umożliwiającym stawianie kolejnych kroków. Otaczaj się więc ludźmi patrzącymi życzliwie i z przyjaźnią, którzy pobudzą w Tobie odwagę poszukiwacza. Szukaj treści wzbogacających Twoją wiedzę i umacniających wiarę w siebie. Mogą to być dobre książki z dziedziny samorozwoju oraz biografie ludzi, których podziwiasz. Szukaj mistrzów zarówno w swoim otoczeniu, jak i w historii. Zobaczysz, że wcale nie jest ich tak mało. Wielu przez lata tworzyło zupełnie zwyczajne prace, zanim ujawnił się ich talent lub wręcz geniusz. Paul Cézanne przed 30. rokiem życia malował przeciętnie, niektórzy nawet twierdzili, że jego wczesne prace były po prostu złe. Zwrot w kierunku impresjonizmu zmienił sytuację. Cézanne wypracował swój styl i choć doceniono go późno, obecnie jest zaliczany do grona najlepszych impresjonistów.

Piosenkarka Cesária Évora, pochodząca z Republiki Zielonego Przylądka, najpierw doznała pasma porażek i w 1975 roku odeszła od muzyki. Jej chwilowy powrót po kilku latach i pojawienie się na dwóch płytach także przeszły bez echa. Miała już 47 lat, gdy na zaproszenie przyszłego agenta poleciała do Paryża. To był początek rozwoju jej kariery opartej na talencie i pasji. Lata dziewięćdziesiąte przyniosły jej prawdziwy sukces i intratne kontrakty muzyczne. Imponujące było też to, że choć sprzedała miliony płyt, przez całe życie odznaczała się skromnością.

> Chciałbym, ażeby każdy z wielkim staraniem wybrał własną drogę i szedł naprzód właśnie nią, zamiast drogą ojca, matki czy sąsiada.
> HENRY DAVID THOREAU

Inspiracją dla nas może być także inny muzyk, śpiewak tenorowy Andrea Bocelli. Urodził się z wrodzoną wadą wzroku. Jako kilkunastoletni chłopak całkowicie przestał widzieć. Na szczęście miał kochających i wspierających go rodziców, którzy dbali o to, by mimo wszystko mógł się kształcić i rozwijać swoje zainteresowania. Już jako dziecko lubił muzykę i śpiew. Brał udział w konkursach wokalnych i odnosił w nich sukcesy, ale swoją przyszłość widział w zawodzie prawnika. W latach studenckich wiele czasu poświęcał na granie i śpiewanie w barach. Jego interpretacje znanych piosenek wzruszały i zachwycały. Wreszcie postanowił poświęcić się muzyce. Podszedł do tego planowo. Zrezygnował z kariery prawniczej i zaczął dzielić czas między występy a naukę śpiewu. To był krok w dobrym kierunku. Teraz stoją przed nim otworem najbardziej renomowane sale koncertowe świata, a on sam czuje się człowiekiem spełnionym. Czy to nie jest inspirujące?

> Dwie rzeczy dają duszy największą siłę: wierność prawdzie i wiara w siebie. SENEKA STARSZY

Na czym polega wpływ pasji na wiarę w siebie? Pasji nam nikt nie narzuca. Rozwijamy ją, bo chcemy, chociaż nie musimy. To sprawia nam przyjemność. Z chęcią zdobywamy kolejne poziomy wtajemniczenia. Szukamy nowych informacji oraz ludzi, z którymi możemy wymieniać doświadczenia. Stajemy się coraz bogatsi w wiedzę i kontakty, coraz pewniej się poruszamy w danym temacie. To wpływa pozytywnie na wiarę w siebie, która przenosi się na inne obszary życia. Może się okazać, że odtąd będzie nam towarzyszyła stale. Do księgi rekordów Guinnessa aplikuje wyczyn małżeństwa Esther i Marina Kaferów z Vancouveru. Oboje są po osiemdziesiątce i od ponad pół wieku z zamiłowaniem chodzą po górach. Wspinali się już na szczyty w kilkudziesięciu krajach na wszystkich kontynentach, a w 2012 roku zdobyli Kilimandżaro.

Narrator
Warto więc odkryć w sobie pasję... Każda chwila życia jest odpowiednia, by to zrobić. Nie czekaj na lepsze czasy! Jeśli sam sobie ich nie stworzysz, nie licz na to, że ktoś wymyśli je dla Ciebie. Oddając się temu, co lubisz, wykonasz milowy krok na drodze samorozwoju. Pasja nada życiu barw i pomoże Ci uruchomić te pokłady wytrwałości i wiary w siebie, o których istnieniu dotąd nie wiedziałeś. Pasja wzbogaci Twoją

wizję życia i doda rozmachu myślom o przyszłości. Przyszłości obiecującej, której będzie towarzyszyło poczucie spełnienia i zadowolenia.

Zbyt często tkwimy w przeszłości, brniemy w rozważania typu: „Co by było, gdybym wczoraj... tydzień temu... rok temu... x lat temu... podjął inną decyzję". Drepczemy dokoła minionych problemów oraz niewykorzystanych szans i... nie dostrzegamy nowych możliwości. A potem znowu zaczynamy narzekanie i snujemy smętne rozważania o dawnych błędach i klęskach. Wracanie do przeszłości i narzekanie na los nie ma sensu. Istotna jest refleksja i naprawienie krzywdy, jeśli wyrządziliśmy ją naszym postępowaniem. Potem lepiej skupić się na dwóch istotnych sprawach. Pierwsza to życie tu i teraz. Druga – tworzenie wizji przyszłości.

Prelegent
Żyć tu i teraz to znaczy nie odkładać niczego na później. Czy często zdarza Ci się zwlekać z wypełnianiem zadań? Czy na myśl o tym, że jednak trzeba się nimi zająć, ogarnia Cię zmęczenie i zniechęcenie? Jeśli tak, prawdopodobnie należysz do licznej grupy osób, u których

bardziej niż u innych do głosu dochodzi prokrastynacja, czyli tendencja do zwlekania, widoczna zwłaszcza wtedy, gdy wiadomo, że nie można się spodziewać natychmiastowych efektów działań, bądź też, gdy zajęcie jest nieprzyjemne lub trudne. Amerykański filozof Donald Marquis mówi, że prokrastynacja jest „sztuką nadążania za dniem wczorajszym", a Wayne Dyer dodaje: „… i unikania jutra". Jej przejawem jest życie w ciągłej nadziei, że mimo bezczynności wszystko będzie dobrze. Postanowienie, że kiedyś zrobisz to, co mógłbyś zrobić teraz, wystarcza, byś uwierzył, że pozbyłeś się problemu. A to przecież nieprawda. Problem powróci, a do tego czasu zatruje Ci życie niepokojem. Napotykamy różne rodzaje zwlekania. Do częstszych należy odkładanie czegoś do pewnego momentu, by następnie ukończyć to na krótko przed ostatecznym terminem. Tu forma oszukiwania siebie to usprawiedliwienie: „Miałem za mało czasu". A wystarczyło zacząć działać odpowiednio wcześniej, by spokojne ze wszystkim zdążyć.

Jak długo bezczynność można usprawiedliwiać słowami: „Może będzie dobrze…", „Mam nadzieję, że jakoś wszystko się ułoży…"? Jeśli dojdziesz do wniosku, że prokrastynacja przeszkadza Ci w życiu, postaraj się ją wyeliminować.

Prawdziwe szczęście jest rzeczą wysiłku, odwagi i pracy. HONORIUSZ BALZAK

Jak pokonać tę skłonność? Jest kilka sposobów. Możesz na przykład podzielić swój czas na okresy półgodzinne, godzinne lub dwugodzinne, podczas których będziesz wykonywał wszystko bardzo intensywnie, bez zwlekania z czymkolwiek. Możesz od razu rozpocząć coś, co od dawna odkładałeś. Brian Tracy nazywa to „zjedzeniem żaby" i proponuje, żeby zawsze wykonywanie zadań zaczynać od tego, które wydaje się najtrudniejsze lub najmniej przyjemne, czyli od zjedzenia największej żaby. Bardzo prawdopodobne, iż okaże się, że zadanie nie było wcale takie trudne, jak Ci się wydawało.

Odkładanie nie dotyczy wyłącznie zadań. Prokrastynacja przenosi się na całość życia. Postaraj się więc nie mówić: „Gdy będę miał czas...", „Gdy dzieci dorosną...", „Gdy zarobię więcej pieniędzy...", bo to nawet nie marzenia, tylko mrzonki usprawiedliwiające brak działania. Cóż bowiem oznaczają takie słowa? „Teraz mogę przesiadywać całe wieczory przed telewizorem, ale kiedyś (jak zostaną spełnione jakieś bliżej nieokreślone warunki) wstanę i zrealizuję swój cel". Tyle że właściwy moment nigdy nie nadchodzi. Zamiast „gdybania" stwórz własną wizję życia. Bez niej będziesz błądzić w poszukiwaniu szczęścia i spełnienia. Włożysz w tę chaotyczną wędrówkę dużo sił, a efekty będą mierne lub nie będzie ich wcale.

Narrator
Jak tworzyć wizję życia, by nie należała do poślednego gatunku „mrzonka", ale do dużo szlachetniejszego, zwanego marzeniem? Jeśli udało Ci się dokonać swoistego resetu osobowości, jeśli poznałeś siebie i odkryłeś swój potencjał, jeśli znasz wartości nadrzędne kierujące Twoim postępowaniem, spróbuj zastanowić się nad konkretami. Co chciałbyś robić? Gdzie chciałbyś mieszkać? Jakim chciałbyś być człowiekiem? To ważne pytania, więc formułuj odpowiedzi bez pośpiechu. Zajrzyj głęboko w swoje wnętrze. Bądź wobec siebie szczery! Zastanów się, którzy ze znanych Ci ludzi realizowali bądź

realizują podobną wizję życia. Szukaj w ich biografiach takiego momentu, który był tym decydującym, oraz elementów, które wzmacniały ich wiarę w siebie. Przyjrzyj się także, jak reagowali na przeciwności, co robili, żeby porażki nie spowodowały rezygnacji z planów.

Warto zwrócić uwagę na pewien aspekt, który może być przeszkodą w rozwijaniu wiary w siebie. Bez względu na to, w jaki sposób kształtowała się nasza osobowość, wchodzimy w okres dorosłości z pewnym bagażem. Jeśli wychowaliśmy się w kochającej i wspierającej się wzajemnie rodzinie, otrzymaliśmy podstawy poczucia własnej wartości i wiary w siebie. Niestety, nie zawsze tak jest. Niejednokrotnie wychowanie łączy się z rozwijaniem w człowieku poczucia winy.

Prelegent
Czym jest poczucie winy?... To nic innego jak przypisywanie sobie całej odpowiedzialności za skutki wszelkich poczynań, niekoniecznie swoich. Poczucie winy lubi się rozrastać. Rodzi się w dzieciństwie, kiedy maluch słyszy: „Jesteś niedobry, bo uderzyłeś ciocię!", „Jesteś brzydki,

bo nie powiedziałeś dzień dobry sąsiadce!", „Przynosisz nam wstyd swoim zachowaniem!". To słowa oceniające człowieka, a nie jego postępowanie! Czy to nie wszystko jedno?...

Są ludzie, którzy nie zauważają małego szczęścia, ponieważ daremnie czekają na duże.
PEARL BUCK

Absolutnie nie! Jakie informacje utrwalają się w umyśle dziecka w wyniku przytoczonych komunikatów?... „Jesteś niedobry...", „Jesteś brzydki...", „Przynosisz wstyd...". Nawet dorosły, gdy usłyszy takie słowa, odniesie je do siebie, a nie do swojego zachowania. Trudno się zmienić, jeśli ktoś przyklei człowiekowi etykietkę: „Jesteś zły... arogancki... głupi...". Trudno wierzyć w siebie, jeśli człowiek przyjmie za prawdę to, że jest zły i do niczego się nie nadaje. Inaczej, gdy ktoś oznajmi: „Źle zrobiłeś...", „Arogancko się odezwałeś...", „Niemądrze zareagowałeś...". Po takich słowach można pożałować swego postępowania i je zmienić. Nie gódźmy się, by ktokolwiek nami manipulował, wzbudzając w nas poczucie winy! Poczucie winy jest wrogiem wiary w siebie. Może być tak silne, że zabije w nas wszelką własną aktywność. Będziemy naśladować życie innych, zamiast żyć własnym. Stąd wzięła się właśnie popularność seriali oraz internetowych gier, tak zwanych cywilizacyjnych (wirtualne miasta, państwa, domy). Tam można bezpiecznie identyfikować się z wybraną postacią lub (w przypadku gier) stworzyć taką postać, nie narażając się na krytykę i wyrzuty sumienia. Gdy stworzona postać przestanie się podobać, niszczy się ją i tworzy nową. Ucieczka w wirtualny świat nie jest jednak dobrym pomysłem. Przykre uczucia w ten sposób tylko odsuwamy. Wrócą ze zdwojoną siłą, gdy odejdziemy od telewizora bądź komputera.

Narrator
Wiarę w siebie, jeśli nie będzie oparta na solidnych podstawach, łatwo mogą też podkopać wszelkiego typu lęki. Na przykład lęk przed nieznanym, przed krytyką, ośmieszeniem czy osamotnieniem. Pewien poziom lęku jest w każdym zdrowym, odczuwającym normalne emocje człowieku. To konieczny przejaw instynktu samozachowawczego. Powinien pojawiać się

ostrzegawczo w sytuacji rzeczywistego zagrożenia zewnętrznego. Naturalny lęk pojawia się także w trakcie ważnych zmian, w zetknięciu z nieznanym. Wtedy jednak powinien być znacznie słabszy. Oddziałuje na wiarę w siebie podobnie jak stres. Do pewnego poziomu może ją wspomagać, jeśli jednak przekroczy stan ostrzegawczy, będzie miał działanie paraliżujące i niszczące. Może stępić wyobraźnię, osłabić entuzjazm i zniechęcić do realizacji celów. Opanowanie lęków jest konieczne, by wiara w siebie miała odpowiednią moc, która pozwoli przechodzić od marzeń do działania, czyli podejmować inicjatywy.

Prelegent
Działanie lęku możemy sobie uzmysłowić, analizując możliwe reakcje na kontakt z nieznanym sobie człowiekiem. Naturalny poziom lęku (możemy nawet nie zdawać sobie sprawy, że to lęk) spowoduje, że mózg wyśle do świadomości impuls: „Uwaga, obcy!". Po co? Byśmy mogli uważniej odbierać kolejne bodźce. Szybka analiza wyglądu, głosu, zachowania i decyzja! Uciekać czy zostać? Lęk rośnie albo maleje do

zera. To naturalne. Oznacza, że Twoja podświadomość ocenia sytuację. Niepokojące jest, jeśli mimo pozytywnych bodźców płynących z analizy postaci: ubiór – odpowiedni, słowa – przyjazne, miejsce – bezpieczne, lęk wzrasta. Niekiedy do poziomu, który paraliżuje. Wtedy mimo wiedzy nie odpowiemy na pytania egzaminacyjne, nie będziemy potrafili się odezwać na rozmowie kwalifikacyjnej lub bez powodu zrezygnujemy z wejścia do przedziału kolejowego. Uczucie będzie tak przykre, że spowoduje chęć unikania tego typu sytuacji w przyszłości. To oznacza ciąg rezygnacji ze zdawania egzaminów, z rozmów o pracy, kontaktów z obcymi, a nawet z życia towarzyskiego.

Jak zapobiec destrukcyjnemu działaniu lęku? Przede wszystkim trzeba poznać jego prawdziwe przyczyny. Zdarza się na przykład, że naturalne odgłosy domu nasuną człowiekowi myśl, że ktoś na pewno grasuje w piwnicy. I nawet jeśli wiemy, że w tej chwili i w tym miejscu to prawie niemożliwe, dopóki nie wejdziemy tam i nie sprawdzimy, nie ujarzmimy strachu.

> Do szczęścia należą dwie rzeczy: wieść życie, z którego jest się zadowolonym, i być zadowolonym z życia, które się wiedzie. WŁADYSŁAW TATARKIEWICZ

W nagłych sytuacjach lękowych, gdy zależy nam na natychmiastowym obniżeniu poziomu strachu, można wykorzystać technikę kolejnych pytań: „I co się stanie?", zaprezentowaną dokładniej w pierwszym cyklu wykładów. Jeśli czujemy, że ogarnia nas paraliżujący lęk, stawiamy to pytanie i sami sobie na nie odpowiadamy, po czym zadajemy je po raz drugi i znowu dajemy na nie odpowiedź. Powtarzamy to tak długo, aż jedyną odpowiedzią, jaka przyjdzie nam do głowy, będzie: „Nic się nie stanie".

Te proste sposoby przynoszą skutek, jeśli poziom lęku nie przekroczył pewnej krytycznej granicy. Aby poradzić sobie z lękami utrwalonymi lub będącymi symptomem choroby, najlepiej skorzystać z pomocy dobrego psychoterapeuty lub lekarza. Odpowiednio dobrana terapia może pomóc się od nich uwolnić.

Wiarę w siebie może także osłabić zła passa, której wielu ludzi nadaje zbyt duże znaczenie.

Znamy jej działanie. Zła passa to ciąg zdarzeń, które skończyły się gorzej, niż przewidywaliśmy. Zabrakło odrobiny szczęścia, nastąpił krytyczny zbieg okoliczności lub nagle zmieniły się warunki zewnętrzne. Zła passa istnieje, ale – zapamiętajmy! – w końcu mija. Nie skupiajmy się więc na narzekaniu. Jak ognia unikajmy negatywnego oceniania siebie. Każdy z nas ma wartość *a priori*, nadaje nam ją nasze człowieczeństwo. Jeśli trafiają się gorsze dni, to gorsze są właśnie one, a nie my. Skoncentrujmy się więc na diagnozie oraz łagodzeniu skutków wydarzeń i aktywnie szukajmy wyjścia z trudnej sytuacji. Poprośmy o pomoc przyjaciół, którym łatwiej o dystans do sprawy. Warto wziąć pod uwagę inny punkt widzenia, choć to nie znaczy, że musimy postąpić tak, jak ktoś nam doradza.

Nigdy w żadnym wypadku nie wolno wpadać w rozpacz. Mieć nadzieję i działać – oto nasz obowiązek w nieszczęściu. BORYS PASTERNAK

Nauczmy się też nie skupiać na złej passie jako takiej, ale rozpatrujmy każde niepomyślne zdarzenie osobno i traktujmy jak cenne doświadczenie. Czasem warto zastosować metodę autosugestii, czyli afirmowanie, o którym była mowa w poprzednich wykładach. Budowanie i powtarzanie pozytywnych stwierdzeń na swój temat ma moc sprawczą. To zresztą zrozumiałe, jeśli przypomnimy sobie, że jedynie od nas zależy nastawienie do wydarzeń, których jesteśmy świadkami lub uczestnikami.

A jeśli mimo wszystko przytłacza nas natłok negatywnych myśli? Niekiedy wystarczy po prostu poczekać. Dystans do zdarzeń niejednokrotnie zmienia ich ocenę. Sytuacje, które początkowo wydają się negatywne, być może z perspektywy czasu ocenimy zupełnie inaczej. Okazuje się, że dotyczyć to może nawet utraty pracy. Przydarzyło się to pewnej kobiecie. Była dyrektorem szkoły. Jej uczciwość i bezkompromisowość spowodowały, że nie podobała się lokalnym władzom. Długo zwlekano z powierzeniem jej funkcji na następną kadencję, w końcu postanowiono ogłosić konkurs na to stanowisko. Wiedziała, że nie ma szans na nominację, choćby była jedynym kandydatem. Wpadła w przerażenie. W wieku 50 lat traciła pracę, którą bardzo lubiła i która zapewniała jej utrzymanie. Czy mogła w tym momencie zobaczyć jakieś plusy tej sytuacji?... I wtedy, zupełnie niespodziewanie, otrzymała propozycję poprowadzenia prywatnej szkoły z rozszerzonym językiem angielskim. Okazało się, że właścicielom chodziło właśnie o kogoś takiego jak ona: człowieka otwartego na nowe metody nauczania, rozumiejącego uczniów i rzetelnego w pracy. Przyjęcie tej propozycji wiązało się z ogromną zmianą. Miasto, w którym znajdowała się szkoła, było oddalone o ponad 200 km od dotychczasowego miejsca zamieszkania kobiety. Nie znała tam nikogo, zupełnie nikogo! Zdecydowała się jednak i... doskonale się sprawdziła na nowym stanowisku. Utrata pracy, która wydawała się prawdziwą tragedią, okazała się zdarzeniem nadzwyczaj szczęśliwym. Zapamiętaj ten przykład i rozejrzyj się wokół. Nie skupiaj się na przykrym w skutkach wydarzeniu! Szukaj wyjścia! Bądź otwarty na wszelkie propozycje, choćby wydawały Ci się początkowo nierealne. Zgodnie ze znanym powiedzeniem, jeśli jedne drzwi się zamykają, inne otwierają. Staraj się to zauważyć i wykorzystaj nową szansę!

Narrator

Jak mówił Seneka Starszy: „Dwie rzeczy dają duszy największą siłę: wierność prawdzie i wiara w siebie". Wierność prawdzie pozwala żyć zgodnie ze swoimi wartościami. Wiara w siebie zaś umożliwia przejęcie kontroli nad własnym życiem. Dzięki niej przestajemy być tratwą dryfującą na fali, którą prąd wody znosi, dokąd chce. Wiara w siebie uzbraja nas w ster i napęd, pozwalające określić kierunek działań oraz tempo, w jakim będziemy się poruszać. W ten sposób pożeglujemy przez odmęty życia pewnie i świadomie. Oprzemy nasze cele na mocnych podstawach, dzięki czemu będziemy mieć zaufanie do siebie i swoich decyzji. Wiele z nich okaże się trafnymi, a te nietrafione nie spowodują, że zmienimy ocenę własnej osoby. Na ich podstawie jedynie zmodyfikujemy postępowanie, by mogło przynieść planowane rezultaty.

   Głęboka wiara w siebie może zmienić relacje z innymi ludźmi. Zaczną oni dostrzegać nasze kompetencje w różnych dziedzinach. Być może staniemy się nawet dla nich autorytetami. Będą pewni, że nie zmieniamy zdania przy każdej zmianie okoliczności, ale będą też przekonani, że nie trzymamy się własnego poglądu kurczowo, bez względu na wszystko. Zauważą i docenią naszą umiejętność rozumienia drugiego człowieka.

Wiara w siebie opiera się między innymi na wiedzy, otwórzmy się więc na nowe informacje. W dzisiejszych czasach wiadomości szybko się dezaktualizują. Warto więc je odświeżać i uzupełniać. Nie zapominajmy jednak o dystansie do treści przekazywanych przez środki masowego przekazu. Jest ich wiele: prasa, radio, telewizja, Internet. Nie zaśmiecajmy sobie głowy byle jakimi tekstami. Nic pozytywnego nie wynika z bezmyślnego ślęczenia przed ekranem komputera czy z oglądania serialu za serialem. To nie wzbogaci naszej wiedzy ani na jotę.

Puste minuty spędzane przed ekranem warto zastąpić pasją. Jeśli dotychczas jej nie odkryłeś, spróbuj to zrobić! Stwórz własną wizję życia. A najważniejszym Twoim słowem niech stanie się słowo „wybieram": „Wybieram tę audycję!", „Wybieram ten portal internetowy!", „Wybieram ten artykuł!". Świadomie wybierajmy też ludzi, z którymi chcemy się spotykać. Pozwólmy, by powody i cele spotkań były różne. Z jedną grupą może nas łączyć praca, z inną pasja, a jeszcze innych po prostu chętnie będziemy słuchać, bo stali się dla nas mentorami, wzmacniającymi naszą wiarę w siebie.

Pamiętaj, że nic tak nie przekonuje, jak życiorysy ludzi, którzy z satysfakcją przeżyli życie. I nie jest istotne, czy są znani na świecie jak Leonardo da Vinci, czy zupełnie zwyczajni, jak sąsiad z przeciwka, którego pasją jest modelarstwo, a który o składanych przez siebie modelach wie wszystko.

Wiara w siebie jest niezależna od stanu fizycznego człowieka, czego dowodzą osiągnięcia ludzi z niepełnosprawnościami. Zależy natomiast od stanu ducha, czyli od naszego myślenia, a to akurat każdy może zmienić. Ocena zdarzeń, które nas spotykają, zależy jedynie od nas. Jeśli koniecznie będziemy chcieli znaleźć w nich coś negatywnego, z pewnością nam się to uda. I odwrotnie. W każdej, nawet wydawałoby się krytycznej, sytuacji możemy doszukać się elementów pozytywnych. To nasz umysł i podejście do życia decydują, jak zinterpretujemy to, co nam się przydarza.

Jeśli dotąd brakowało Ci wiary w siebie, już wiesz, gdzie szukać przyczyn. Eliminuj je jedną po drugiej!... Może nie wierzysz w swoje możliwości?... Może niedostatecznie poznałeś siebie?... Może masz niewłaściwe kontakty z innymi?... A może po prostu brakuje Ci wiedzy?... Czasami wystarczy pozbyć się błędnych przekonań. To od Ciebie zależy, czy towarzyszyć Ci będą poglądy otwierające i wzmacniające, czy też ograniczające i osłabiające.

Jeśli zastosujesz się do tych rad, istnieje duże prawdopodobieństwo, że wiara w siebie będzie towarzyszyła większości Twoich poczynań i stale się umacniała. Dzięki temu będziesz potrafił „przenosić góry" i znacznie zwiększysz swoje szanse na życie szczęśliwe i spełnione.

Część utrwalająca

Porady
1. Pozwól nadzwyczajnym projektom zaistnieć w swojej głowie. Stań się ekspertem od marzeń.
2. Odkryj własne możliwości. Wspieraj się biografiami ludzi, którzy zrealizowali swoje życiowe zamierzenia.
3. Dobrze poznaj swoją osobowość. Zadbaj o pozytywną samoocenę. Wiara w siebie wyrasta z poczucia własnej wartości.
4. Określ wartości nadrzędne i postępuj w zgodzie z nimi.
5. Bądź życzliwy dla innych ludzi. Wspólny wysiłek i entuzjazm ułatwia dojście do celu. Pamiętaj o odpowiedniej dawce pokory.
6. Uwierz w możliwość zmiany. To nie przeznaczenie kieruje Twoim postępowaniem, tylko Ty sam. Pokonuj więc bariery pozornych niemożności.
7. Znajdź pasję. Działanie wykonywane z przyjemnością przynosi większe efekty.

8. Pogłębiaj wiedzę, znajdując odpowiednie kursy, książki, programy i strony internetowe.
9. Skończ ze zwlekaniem. To prawdziwa przyczyna wielu problemów.
10. Nie zatrzymuj się na przeszkodach. Pokonuj je.

Quiz

Znalezienie odpowiedzi na pytania dotyczące wykładu pomoże Ci zapamiętać i utrwalić zawarte w nim treści. Postaraj się odpowiadać samodzielnie. Jeśli jednak okaże się, że na któreś z pytań nie znasz odpowiedzi, zajrzyj do tekstu wykładu lub przesłuchaj go jeszcze raz. Odnajdziesz tam potrzebne informacje. W pytaniach otwartych posłuż się swoją wiedzą i doświadczeniem. Klucz z odpowiedziami znajdziesz na s. 108.

1. **Na czym polegało osiągnięcie Felixa Baumgartnera, które świadczyło o jego niezachwianej wierze w siebie?**
   a) okrążenie Ziemi statkiem kosmicznym
   b) skok z wysokości ponad 40 km
   c) rekord szybkości w locie samolotem
   d) rekord długości pobytu w kosmosie

2. Wymień trzy nazwiska ludzi, których kariera zawodowa rozwijała się dzięki temu, że wierzyli w siebie.

   a) ....

   b) ....

   c) ....

3. **Predestynacja to:**
   a) wiara w przeznaczenie
   b) umiejętność przewidywania przyszłych wydarzeń
   c) przygotowywanie się do zajęć
   d) wybory na próbę

4. **Wiedza jest czynnikiem istotnym dla człowieka, który chce się rozwijać. Zdobywa się ją przez uczenie się, które obrosło w wiele nieprawdziwych mitów. Tylko jedno z poniższych zdań jest prawdziwe. Zaznacz je.**
   a) Człowiek uczy się skutecznie tylko w okresie szkolnym.
   b) Uczyć się można tylko w instytucjach do tego powołanych.
   c) Uczenie się jest niepotrzebne ludziom, którzy już nie pracują zawodowo.
   d) Uczenie się jest przydatne każdemu na każdym etapie życia.

5. **Wielu ludzi zdobywa wiedzę samodzielnie. Jednym z najbardziej znanych na świecie samouków był:**
   a) Felix Baumgartner
   b) Abraham Lincoln
   c) Stephen Hawking
   d) Thomas Edison

6. **Zmiany prowadzące do zwiększenia wiary w siebie powinny uwzględniać również relacje z otoczeniem. O czym więc należy pamiętać, wzmacniając tę cechę?**
   a) o stawianiu swoich potrzeb na pierwszym miejscu
   b) o zdobywaniu doświadczenia
   c) o empatii, altruizmie i szacunku dla innych ludzi
   d) o kreatywności

7. **Wymień trzy czynniki odgrywające dużą rolę w kształtowaniu wiary w siebie.**

   a) ....

   b) ....

   c) ....

8. **Wymień nazwiska trzech znanych osób, które postawiły w życiu na realizowanie swoich pasji.**

   a) ....

   b) ....

   c) ....

9. **Co to jest prokrastynacja?**
   a) zmęczenie i zniechęcenie
   b) odwlekanie czynności, które trzeba wykonać
   c) szybkie wykonywanie czynności, które trzeba wykonać
   d) racjonalne planowanie

10. **Kim był Paul Cezanne?**
    a) konstruktorem
    b) malarzem
    c) pisarzem
    d) filozofem

11. Kiedy rodzi się poczucie winy?
a) w dzieciństwie
b) w wieku dojrzewania
c) w dorosłości
d) przychodzi się z nim na świat

12. Podaj trzy istotne czynniki obniżające wiarę w siebie.

a) ....

b) ....

c) ....

13. Kto jest autorem powiedzenia: „Dwie rzeczy dają duszy największą siłę: wierność prawdzie i wiara w siebie".
a) Honoriusz Balzak
b) Seneka Starszy
c) Lope de Vega
d) Antoni Czechow

Ćwiczenie 1

Każdy z nas ma lub miał jakieś marzenia. Im jesteśmy starsi, tym trudniej nam się do nich przyznać, nawet przed samym sobą. Zanim jeszcze pomyślimy, czy mogą się spełnić, już odpowiadamy sobie, że na pewno nie. Zastanów się przez chwilę, czy gdzieś na dnie Twojego umysłu nie leżą niewykorzystane marzenia. Postaraj się opanować odruch oceniania, czy w obecnej chwili mogą się spełnić. Dopiero po wypisaniu zaznacz te, które są nadal dla Ciebie istotne.

. . . .

. . . .

. . . .

. . . .

. . . .

. . . .

. . . .

Ćwiczenie 2

Wiara w siebie powinna opierać się na zaufaniu do samego siebie. To zaufanie rodzi się ze świadomości, że jest się wartościowym człowiekiem, który może przekazać innym to, co w nim najlepsze. Tę świadomość trzeba w sobie wykształcić i rozwijać poprzez ćwiczenia. Oto jedno z nich. Dokończ przedstawione zdania. Staraj się je tak formułować, by w żadnym nie użyć przeczenia. Następnie przepisz zdania na małą kartkę i przyczep przy biurku lub noś w portfelu i czytaj je w trudnych dla Ciebie chwilach.

Cenię następujące moje cechy . . . .

. . . .

. . . .

. . . .

. . . .

. . . .

Najlepiej sobie radzę z ....

....

....

....

Cieszę się, że umiem ....

....

....

....

....

Innym ludziom mogę pomóc w ....

....

....

....

Ćwiczenie 3

Wybierz jedno z marzeń, które wypisałeś w ćwiczeniu 1. Niech to będzie marzenie, które umieściłbyś na pierwszym miejscu tej listy. Zastanów się, dlaczego ulokowałeś je tak wysoko. Przemyśl teraz i wypisz korzyści (materialne i niematerialne), które Ty miałbyś z realizacji tego marzenia, oraz te, które mieliby inni ludzie. Następnie odpowiedz sobie, czy nadal to marzenie utrzymuje się na pierwszym miejscu Twojej hierarchii.

. . . .

. . . .

. . . .

. . . .

. . . .

. . . .

. . . .

Korzyści dla mnie

....
....
....
....
....

Korzyści dla innych

....
....
....
....
....
....

Ćwiczenie 4

Większość z nas narzeka na brak czasu. W wykładzie zwróciliśmy uwagę na to, ile godzin zabiera nam telewizja oraz Internet. Przyjrzyj się swojej organizacji dnia. Przez tydzień wpisuj codziennie do tabeli liczbę minut lub godzin poświęconych telewizji lub Internetowi (poza pracą i hobby). Możesz dopisać jeszcze dwie czynności, które nie przynoszą nikomu korzyści, a które zabierają Ci cenne minuty. Oblicz, ile każda z nich zajmuje Ci czasu w miesiącu (rozumianym jako 4 tygodnie) oraz w roku (52 tygodnie).

	Telewizja	Internet		
Poniedziałek				
Wtorek				
Środa				
Czwartek				
Piątek				
Sobota				
Niedziela				
S1 W tygodniu				
S2 W miesiącu (4 x S1)				
W roku (52 x S2)				

Przemyśl swoje obliczenia. Może warto część tego czasu spędzić bardziej twórczo?

Ćwiczenie 5

Ludzie, których droga do sławy nie była łatwa, zazwyczaj mocno wierzyli w siebie. Wypisz z wykładu przynajmniej pięć nazwisk osób, których biografia świadczy o tym, że cechowała ich silna wiara w siebie. Obok dopisz, w jakiej dziedzinie odnieśli sukces. Kolorowym markerem zaznacz nazwisko człowieka, który zrobił na Tobie największe wrażenie. Postaraj się znaleźć o nim więcej informacji w Internecie lub książkach biograficznych.

Kto	Dziedzina, w jakiej odniósł sukces

Ćwiczenie 6

Zwlekanie, czyli prokrastynacja, jest istotną przyczyną wielu naszych niepowodzeń. Przesłuchaj lub przeczytaj jeszcze raz tę część wykładu, która o tym mówi. Jedną z metod walki ze zwlekaniem (które można uznać za pewną formę lenistwa) jest wyznaczanie sobie terminów. Wypróbuj ten sposób. Wypisz pięć najdłużej przez Ciebie odwlekanych zadań, czynności czy spotkań. Obok dopisz termin (staraj się, by nie był zbyt odległy). Dodatkowo – w trzeciej kolumnie – wymyśl nagrodę, jaką sam sobie przyznasz po wykonaniu zadania.

Zadanie, czynność, spotkanie	Termin	Nagroda

Przemyślenia

Poniżej są zamieszczone fragmenty wykładu, które mogą stanowić materiał do osobistych przemyśleń. Pod każdym znajdziesz krótkie zaproszenie do dyskusji i miejsce na komentarz. Unikaj ogólników. Staraj się, by Twoja wypowiedź była jak najbardziej konkretna i konstruktywna.

Inspiracja 1
Wiara w siebie jest mocnym przeświadczeniem, czyli rodzajem przeczucia, że to, co zamierzamy zrobić lub już realizujemy, przyniesie w bliższej lub dalszej przyszłości oczekiwane efekty, że podjęte przez nas działanie ma sens... To przeświadczenie opiera się na poczuciu własnej wartości, którego podstawą jest nasza wiedza i doświadczenie. Amerykański pisarz Napoleon Hill nazywa wiarę w siebie „chemią ludzkiego umysłu" i twierdzi, że kiedy łączy się ona z pozytywnym myśleniem, człowiek jest w stanie osiągnąć niewyobrażalnie wiele.

Napoleon Hill swoje spostrzeżenia napisał po przeprowadzeniu wywiadów z bardzo wieloma znaczącymi ludźmi żyjącymi w pierwszej połowie XX wieku. Wśród nich byli m.in. Thomas Edison, Alexander Graham Bell, Henry Ford, John Rockefeller, Theodore Roosevelt. Dzięki temu, formułując swoje teorie, mógł opierać się nie tylko na swoich, lecz także na ich doświadczeniach. Czy Twoim zdaniem miał rację, twierdząc, że wiara w siebie ma tak dużą moc? Jak oceniasz swój poziom wiary w siebie? Co w Twoim przypadku wpłynęło na to, że jest akurat taki?

. . . .

. . . .

. . . .

. . . .

. . . .

. . . .

. . . .

Inspiracja 2

Jak mógłby brzmieć przepis na wiarę w siebie?... Odkryj własne możliwości. Dodaj do tego swoją dobrze poznaną osobowość i wynikającą z niej optymalną samoocenę. Określ wartości nadrzędne i gotuj w mocnym wywarze z wiedzy oraz dotychczasowego doświadczenia. Okraś dobrymi kontaktami z ludźmi. Dopraw odpowiednią dawką pokory i szczyptą wątpliwości. Trzymaj w cieple marzeń przez całe życie. Podawaj w postaci planów, celów i inicjatyw.

Spróbuj przeanalizować ten przepis. Możesz go najpierw zapisać w formie punktów. Jak sądzisz, czy jeśli przedstawione w nim elementy pojawią się w Twoim życiu lub zostaną wzmocnione, to rzeczywiście Twoja wiara w siebie wzrośnie? A może któryś z nich uznajesz za niepotrzebny? Co w powyższym przepisie jest zabezpieczeniem, by rosnąca wiara w siebie nie przerodziła się w zbytnią pewność i butę, mogące zrujnować osobowość człowieka. Czy takie zabezpieczenia wystarczą?

. . . .

Inspiracja 3

Brak wiedzy to duże niebezpieczeństwo. Człowiek jej pozbawiony czuje się niepewnie. Jest podatny na manipulację i w wielu sytuacjach bezradny. Zaczyna na przykład wierzyć w predestynację, czyli przeznaczenie. Przeznaczenie oznaczające w tym przypadku brak możliwości wpływania na własny los. Sprowadza ono człowieka do roli kukiełki, której poczynaniami kieruje ktoś inny... wyższy i potężniejszy. Człowiekowi wierzącemu w przeznaczenie wydaje się, że żyje w przezroczystej kuli. Może poruszać się w jej obrębie, ale nie może z niej wyjść.

W dzisiejszych czasach mamy coraz większy dostęp do wiedzy, ale to nie znaczy, że zwiększa się wiedza społeczeństwa. Często wiadomości, jakie zdobywamy, są powierzchowne. Prześlizgujemy się tylko po tematach, zamiast dogłębnie je poznawać. Nie mówi się już o tzw. starannym wykształceniu, które kiedyś stanowiło o miejscu człowieka w społeczeństwie. Czy przestało być ono potrzebne? Jakie są konsekwencje jego braku? Czy ma to wpływ na wiarę w predestynację?

Inspiracja 4
Często posłuszeństwo wyuczone w dzieciństwie przechodzi wraz z nami w dorosłość i zmienia się w uległość. Wyuczony model zachowania przenosimy na współpracowników, szefów, kolegów i przyjaciół. Za bardzo zwracamy uwagę na innych i... tracimy samodzielność myślenia oraz działania. Może potrafilibyśmy pofrunąć na skrzydłach marzeń, ale mamy wrażenie, że inni trzymają nas na niewidzialnych nitkach, podobnych w działaniu do sznurka, który nie pozwala latawcom wzbić się wyżej, niż chce ich właściciel.

Czasy się zmieniają, ale posłuszeństwo nadal uznawane jest za jedną z ważnych wartości wychowania. Z posłusznymi dziećmi jest mniej kłopotu. Posłuszna młodzież jest mniej narażona na negatywne wpływy otoczenia. Czy można posłuszeństwo połączyć z samodzielnością? Jak to się dzieje, że z zalety przeradza się w wadę? A jakim dzieckiem byłeś Ty sam? Czy to Ci w życiu pomogło, czy raczej zaszkodziło?

. . . .

Inspiracja 5

Impulsem motywującym do działania mogą być np. ludzie, książki lub programy telewizyjne, które wzmacniają nasze decyzje i pozwalają utrzymywać motywację na poziomie umożliwiającym stawianie kolejnych kroków. Otaczaj się więc ludźmi patrzącymi życzliwie i z przyjaźnią, którzy obudzą w Tobie odwagę poszukiwacza. Szukaj treści wzbogacających Twoją wiedzę i umacniających wiarę w siebie. Mogą to być dobre książki z dziedziny samorozwoju oraz biografie ludzi, których podziwiasz. Szukaj mistrzów zarówno w swoim otoczeniu, jak i w historii. Zobaczysz, że nie jest ich wcale tak mało.

Słuchając tego wykładu lub czytając go, poznałeś biografie znanych osób, żyjących obecnie lub będących postaciami historycznymi. Zastanów się, czy w swoim środowisku masz kogoś, kto imponuje Ci wiarą w siebie? Kto to jest? Przedsiębiorca? Nauczyciel? Ktoś z rodziny wykonujący zupełnie inny zawód? Jak przejawia się jego wiara w siebie? Czy mógłbyś przyswoić sobie któreś z jego zachowań?

Rozwiązanie quizu ze s. 79
1. b – skok z wysokości ponad 40 km
2. Na przykład: Felix Baumgartner, Abraham Lincoln, Harrison Ford, Natalia Partyka, Filippo Brunelleschi.
3. a – wiara w przeznaczenie
4. d – Uczenie się jest przydatne każdemu na każdym etapie życia.
5. d – Thomas Edison
6. c – o empatii, altruizmie i szacunku dla innych ludzi
7. niezależność, pasje oraz impulsy motywujące, czyli: oglądanie inspirujących programów i czytanie inspirujących książek, tworzenie wizji życia, odpowiednie wytyczanie celów
8. Na przykład: Thomas Edison, Cesaria Evora, Andrea Bocelli.
9. b – odwlekanie czynności, które trzeba wykonać
10. b – malarzem
11. a – w dzieciństwie
12. niewłaściwe wychowanie, lęki, zła passa
13. b – Seneka Starszy

Notatki

Notatki

Notatki

Słowniczek

akceptacja siebie (samoakceptacja)
Danie sobie prawa do bycia sobą i wiara w to, że się jest człowiekiem kompletnym.

altruizm
Nastawienie nie tylko na siebie, lecz także na innych. Jest konieczny do osiągnięcia prawdziwego szczęścia.

astrofizyka
Dziedzina nauki z pogranicza fizyki i astronomii, zajmująca się procesami fizycznymi występującymi we wszechświecie oraz oddziaływaniem obiektów astronomicznych. Według niej wszechświat to ogromne laboratorium fizyczne.

Biblia
Natchnione Słowo Boże. Zbiór ponadczasowych informacji na temat źródeł szczęścia i spełnienia oraz wskazówek istotnych dla określenia systemu wartości człowieka. Abraham Lincoln powiedział kiedyś, że prawdziwie wykształcony

człowiek to ten, kto choć raz przeczytał Biblię. On sam wprowadzał w czyn wartości biblijne, które zainspirowały go między innymi do zniesienia niewolnictwa.

empatia
Umiejętność odczuwania cudzego bólu we własnym sercu; współodczuwanie, zdolność rozumienia drugiego człowieka, jego stanu emocjonalnego. Łączy się z chęcią niesienia pomocy i pozwala na nadanie jej odpowiedniej formy.

impresjonizm
Kierunek w sztuce zapoczątkowany we Francji w latach 60. XIX w., dążący do oddania w sposób subiektywny ulotnych chwil. W malarstwie posługiwał się techniką nakładania plam czystego koloru, które z widziane pewnej odległości zlewały się i tworzyły barwy uzupełniające. Przedstawicielami kierunku byli m.in.: C. Monet, A. Renoir, E. Degas, C. Pissarro.

impulsy motywujące
Ludzie, książki, programy, które wzmacniają nasze decyzje i pozwalają nam utrzymywać stan

motywacji na poziomie umożliwiającym stawianie kolejnych kroków na drodze rozwoju.

księga rekordów Guinnessa
Publikacja z udokumentowanymi rekordami świata, ukazująca się co roku (od 1955 r.) w ponad 100 krajach. Prezentuje rekordy zarówno naturalne, jak i osiągnięte przez ludzi.

motywacja
Impuls do podjęcia działania; niewzmacniana wygasa.

niepełnosprawność
Wrodzone lub nabyte upośledzenie sprawności fizycznej lub psychicznej, uniemożliwiające samodzielne funkcjonowanie.

paraolimpiada (igrzyska paraolimpijskie)
Zawody sportowe dla zawodników niepełnosprawnych. Organizowane są co cztery lata przez Międzynarodowy Komitet Paraolimpijski. Odbywają się zawody letnie i zimowe.

pasja
Rodzaj zainteresowania, któremu poświęcamy większość wolnego czasu, zajmujemy się nim z przyjemnością, nawet jeśli nie przynosi wymiernego zysku.

poczucie winy
Przypisywanie własnej osobie całej odpowiedzialności za skutki poczynań. Jest wrogiem wiary w siebie. Może być tak silne, że zabije w nas wszelką własną aktywność.

poczucie własnej wartości
Stan psychiczny i postawa wobec siebie wpływające na nastrój oraz zachowania, wynikające z ogólnej oceny siebie, czyli samooceny.

predestynacja (przeznaczenie)
Koncepcja twierdząca, że człowiek nie ma możliwości wpływu na własny los, gdyż jest on z góry ustalony.

prokrastynacja
Tendencja do zwlekania, widoczna zwłaszcza wtedy, gdy wiadomo, że nie można się spodzie-

wać natychmiastowych efektów działań, bądź też gdy zajęcie jest nieprzyjemne lub trudne.

sposoby opanowywania lęków
Jednym ze sposobów jest technika kolejnych pytań: „I co się stanie?". Polega na tym, że stawiamy sobie to jedno pytanie tak długo, aż wreszcie będziemy mogli odpowiedzieć: „nic". Inną metodą jest wizualizacja.

stres
Reakcja organizmu na bodźce. W niewielkiej dawce mobilizuje do działania, w dużej – paraliżuje. Może doprowadzić do chorób psychicznych i fizycznych, a nawet do śmierci.

talent
Zdolność, możliwość wykonywania czegoś w stopniu doskonałym. Może dotyczyć różnych dziedzin ze sfer: intelektualnej, artystycznej bądź ruchowej.

wartość nadrzędna
Wartość usytuowana w najwyższym miejscu hierarchii wartości. Może być ich kilka. Najważniejszą z nich nazywamy nadwartością.

wiara w siebie
Mocne przeświadczenie, że to, co zamierzamy zrobić lub już realizujemy, przyniesie w bliższej lub dalszej przyszłości oczekiwane efekty. To przeświadczenie nie jest bezpodstawne, bo opiera się na poczuciu własnej wartości.

wnikliwość
Umiejętność świadomego docierania do sedna rzeczy i patrzenia daleko poza to, co jest widoczne na pierwszy rzut oka.

wojna secesyjna
Wojna domowa w USA w latach 1861–1865 pomiędzy stanami północnymi (Unią) a południowymi (Konfederacją), które odłączyły się od Unii i walczyły o suwerenność oraz przeciwko zniesieniu niewolnictwa.

wychowanie
Świadome oddziaływanie na człowieka w celu uczenia go odpowiednich zachowań.

wytrwałość
Konsekwentne dążenie do celu połączone z determinacją w pokonywaniu przeszkód.

zła passa
Ciąg zdarzeń, które skończyły się gorzej, niż przewidywaliśmy (zabrakło odrobiny szczęścia, nastąpił krytyczny zbieg okoliczności lub nagle zmieniły się warunki zewnętrzne).

Źródła i inspiracje

Albright M., Carr C., *Największe błędy menedżerów*, Warszawa 1997.

Allen B.D., Allen W.D., *Formuła 2+2. Skuteczny coaching*, Warszawa 2006.

Anderson Ch., *Za darmo: przyszłość najbardziej radykalnej z cen*, Kraków 2011.

Anthony R., *Pełna wiara w siebie*, Warszawa 2005.

Ariely D., *Zalety irracjonalności. Korzyści z postępowania wbrew logice w domu i pracy*, Wrocław 2010.

Bates W.H., *Naturalne leczenie wzroku bez okularów*, Katowice 2011.

Bettger F., *Jak umiejętnie sprzedawać i zwielokrotnić dochody*, Warszawa 1995.

Blanchard K., Johnson S., *Jednominutowy menedżer*, Konstancin-Jeziorna 1995.

Blanchard K., O'Connor M., *Zarządzanie poprzez wartości*, Warszawa 1998.

Bogacka A.W., *Zdrowie na talerzu*, Białystok 2008.

Bollier D., *Mierzyć wyżej. Historie 25 firm, które osiągnęły sukces, łącząc skuteczne zarządzanie z realizacją misji społecznych*, Warszawa 1999.

Bond W.J., *199 sytuacji, w których tracimy czas, i jak ich uniknąć*, Gdańsk 1995.

Bono E. de, *Dziecko w szkole kreatywnego myślenia*, Gliwice 2010.

Bono E. de, *Sześć kapeluszy myślowych*, Gliwice 2007.

Bono E. de, *Sześć ram myślowych*, Gliwice 2009.

Bono E. de, *Wodna logika. Wypłyń na szerokie wody kreatywności*, Gliwice 2011.

Bossidy L., Charan R., *Realizacja. Zasady wprowadzania planów w życie*, Warszawa 2003.

Branden N., *Sześć filarów poczucia własnej wartości*, Łódź 2010.

Branson R., *Zaryzykuj – zrób to! Lekcje życia*, Warszawa-Wesoła 2012.

Brothers J., Eagan E, *Pamięć doskonała w 10 dni*, Warszawa 2000.

Buckingham M., *To jedno, co powinieneś wiedzieć... o świetnym zarządzaniu, wybitnym przywództwie i trwałym sukcesie osobistym*, Warszawa 2006.

Buckingham M., *Wykorzystaj swoje silne strony. Użyj dźwigni swojego talentu*, Warszawa 2010.
Buckingham M., Clifton D.O., *Teraz odkryj swoje silne strony*, Warszawa 2003.
Butler E., Pirie M., *Jak podwyższyć swój iloraz inteligencji?*, Gdańsk 1995.
Buzan T., *Mapy myśli*, Łódź 2008.
Buzan T., *Pamięć na zawołanie*, Łódź 1999.
Buzan T., *Podręcznik szybkiego czytania*, Łódź 2003.
Buzan T., *Potęga umysłu. Jak zyskać sprawność fizyczną i umysłową: związek umysłu i ciała*, Warszawa 2003.
Buzan T., Dottino T., Israel R., *Zwykli ludzie – liderzy. Jak maksymalnie wykorzystać kreatywność pracowników*, Warszawa 2008.
Carnegie D., *I ty możesz być liderem*, Warszawa 1995.
Carnegie D., *Jak przestać się martwić i zacząć żyć*, Warszawa 2011.
Carnegie D., *Jak zdobyć przyjaciół i zjednać sobie ludzi*, Warszawa 2011.
Carnegie D., *Po szczeblach słowa. Jak stać się doskonałym mówcą i rozmówcą*, Warszawa 2009.

Carnegie D., Crom M., Crom J.O., *Szkoła biznesu. O pozyskiwaniu klientów na zawsze*, Warszawa 2003.

Cialdini R., *Wywieranie wpływu na ludzi*, Gdańsk 1998.

Clegg B., *Przyspieszony kurs rozwoju osobistego*, Warszawa 2002.

Cofer C.N., Appley M.H., *Motywacja: teoria i badania*, Warszawa 1972.

Cohen H., *Wszystko możesz wynegocjować. Jak osiągnąć to, co chcesz*, Warszawa 1997.

Covey S.R., *3. rozwiązanie*, Poznań 2012.

Covey S.R., *7 nawyków skutecznego działania*, Poznań 2007.

Covey S.R., *8. nawyk*, Poznań 2006.

Covey S.R., Merrill A.R., Merrill R.R., *Najpierw rzeczy najważniejsze*, Warszawa 2007.

Craig M., *50 najlepszych (i najgorszych) interesów w historii biznesu*, Warszawa 2002.

Csikszentmihalyi M., *Przepływ: psychologia optymalnego doświadczenia*, Wrocław 2005.

Davis R.C., Lindsmith B., *Ludzie renesansu: umysły, które ukształtowały erę nowożytną*, Poznań 2012.

Davis R.D., Braun E.M., *Dar dysleksji. Dlaczego niektórzy zdolni ludzie nie umieją czytać i jak mogą się nauczyć*, Poznań 2001.

Dearlove D., *Biznes w stylu Richarda Bransona. 10 tajemnic twórcy megamarki*, Gdańsk 2009.

DeVos D., *Podstawy wolności. Wartości decydujące o sukcesie jednostek i społeczeństw*, Konstancin-Jeziorna 1998.

DeVos R.M., Conn Ch.P., *Uwierz! Credo człowieka czynu, współzałożyciela Amway Corporation, hołdującego zasadom, które uczyniły Amerykę wielką*, Warszawa 1994.

Dixit A.K., Nalebuff B.J., *Myślenie strategiczne. Jak zapewnić sobie przewagę w biznesie, polityce i życiu prywatnym*, Gliwice 2009.

Dixit A.K., Nalebuff B.J., *Sztuka strategii. Teoria gier w biznesie i życiu prywatnym*, Warszawa 2009.

Dobson J., *Jak budować poczucie wartości w swoim dziecku*, Lublin 1993.

Doskonalenie strategii (seria Harvard Bussines Review), praca zbiorowa, Gliwice 2006.

Dryden G., Vos J., *Rewolucja w uczeniu*, Poznań 2000.

Dyer W.W., *Kieruj swoim życiem*, Warszawa 2012.

Dyer W.W., *Pokochaj siebie*, Warszawa 2008.

Edelman R.C., Hiltabiddle T.R., Manz Ch.C., *Syndrom miłego człowieka*, Gliwice 2010.

Eichelberger W., Forthomme P., Nail F., *Quest. Twoja droga do sukcesu. Nie ma prostych recept na sukces, ale są recepty skuteczne*, Warszawa 2008.

Enkelmann N.B., *Biznes i motywacja*, Łódź 1997.

Eysenck H. i M., *Podpatrywanie umysłu. Dlaczego ludzie zachowują się tak, jak się zachowują?*, Gdańsk 1996.

Ferriss T., *4-godzinny tydzień pracy. Nie bądź płatnym niewolnikiem od 7.00 do 17.00*, Warszawa 2009.

Flexner J.T., *Waschington. Człowiek niezastąpiony*, Warszawa 1990.

Forward S., Frazier D., *Szantaż emocjonalny: jak obronić się przed manipulacją i wykorzystaniem*, Gdańsk 2011.

Frankl V.E., *Człowiek w poszukiwaniu sensu*, Warszawa 2009.

Fraser J.F., *Jak Ameryka pracuje*, Przemyśl 1910.

Freud Z., *Wstęp do psychoanalizy*, Warszawa 1994.
Fromm E., *Mieć czy być*, Poznań 2009.
Fromm E., *Niech się stanie człowiek. Z psychologii etyki*, Warszawa 2005.
Fromm E., *O sztuce miłości*, Poznań 2002.
Fromm E., *O sztuce słuchania. Terapeutyczne aspekty psychoanalizy*, Warszawa 2002.
Fromm E., *Serce człowieka. Jego niezwykła zdolność do dobra i zła*, Warszawa 2000.
Fromm E., *Ucieczka od wolności*, Warszawa 2001.
Fromm E., *Zerwać okowy iluzji*, Poznań 2000.
Galloway D., *Sztuka samodyscypliny*, Warszawa 1997.
Gardner H., *Inteligencje wielorakie – teoria w praktyce*, Poznań 2002.
Gawande A., *Potęga checklisty: jak opanować chaos i zyskać swobodę w działaniu*, Kraków 2012.
Gelb M.J., *Leonardo da Vinci odkodowany*, Poznań 2005.
Gelb M.J., Miller Caldicott S., *Myśleć jak Edison*, Poznań 2010.
Gelb M.J., *Myśleć jak geniusz*, Poznań 2004.

Gelb M.J., *Myśleć jak Leonardo da Vinci*, Poznań 2001.

Giblin L., *Umiejętność postępowania z innymi...*, Kraków 1993.

Girard J., Casemore R., *Pokonać drogę na szczyt*, Warszawa 1996.

Glass L., *Toksyczni ludzie*, Poznań 1998.

Godlewska M., *Jak pokonałam raka*, Białystok 2011.

Godwin M., *Kim jestem? 101 dróg do odkrycia siebie*, Warszawa 2001.

Goleman D., *Inteligencja emocjonalna*, Poznań 2002.

Gordon T., *Wychowywanie bez porażek szefów, liderów, przywódców*, Warszawa 1996.

Gorman T., *Droga do skutecznych działań. Motywacja*, Gliwice 2009.

Gorman T., *Droga do wzrostu zysków. Innowacja*, Gliwice 2009.

Greenberg H., Sweeney P., *Jak odnieść sukces i rozwinąć swój potencjał*, Warszawa 2007.

Habeler P., Steinbach K., *Celem jest szczyt*, Warszawa 2011.

Hamel G., Prahalad C.K., *Przewaga konkurencyjna jutra*, Warszawa 1999.

Hamlin S., *Jak mówić, żeby nas słuchali*, Poznań 2008.
Hill N., *Klucze do sukcesu*, Warszawa 1998.
Hill N., *Magiczna drabina do sukcesu*, Warszawa 2007.
Hill N., *Myśl!... i bogać się. Podręcznik człowieka interesu*, Warszawa 2012.
Hill N., *Początek wielkiej kariery*, Gliwice 2009.
Ingram D.B., Parks J.A., *Etyka dla żółtodziobów, czyli wszystko, co powinieneś wiedzieć o...*, Poznań 2003.
Jagiełło J., Zuziak W. [red.], *Człowiek wobec wartości*, Kraków 2006.
James W., *Pragmatyzm*, Warszawa 2009.
Jamruszkiewicz J., *Kurs szybkiego czytania*, Chorzów 2002.
Johnson S., *Tak czy nie. Jak podejmować dobre decyzje*, Konstancin-Jeziorna 1995.
Jones Ch., *Życie jest fascynujące*, Konstancin-Jeziorna 1993.
Kanter R.M., *Wiara w siebie. Jak zaczynają się i kończą dobre i złe passy*, Warszawa 2006.
Keller H., *Historia mojego życia*, Warszawa 1978.
Kirschner J., *Zwycięstwo bez walki. Strategie przeciw agresji*, Gliwice 2008.

Koch R., *Zasada 80/20. Lepsze efekty mniejszym nakładem sił i środków*, Konstancin-Jeziorna 1998.

Kopmeyer M.R., *Praktyczne metody osiągania sukcesu*, Warszawa 1994.

Ksenofont, *Cyrus Wielki. Sztuka zwyciężania*, Warszawa 2008.

Kuba A., Hausman J., *Dzieje samochodu*, Warszawa 1973.

Kumaniecki K., *Historia kultury starożytnej Grecji i Rzymu*, Warszawa 1964.

Lamont G., *Jak podnieść pewność siebie*, Łódź 2008.

Leigh A., Maynard M., *Lider doskonały*, Poznań 1999.

Littauer F., *Osobowość plus*, Warszawa 2007.

Loreau D., *Sztuka prostoty*, Warszawa 2009.

Lott L., Intner R., Mendenhall B., *Autoterapia dla każdego. Spróbuj w osiem tygodni zmienić swoje życie*, Warszawa 2006.

Maige Ch., Muller J.-L., *Walka z czasem. Atut strategiczny przedsiębiorstwa*, Warszawa 1995.

Mansfield P., *Jak być asertywnym*, Poznań 1994.

Martin R., *Niepokorny umysł. Poznaj klucz do myślenia zintegrowanego*, Gliwice 2009.

Maslow A., *Motywacja i osobowość*, Warszawa 2009.

Matusewicz Cz., *Wprowadzenie do psychologii*, Warszawa 2011.

Maxwell J.C., *21 cech skutecznego lidera*, Warszawa 2012.

Maxwell J.C., *Tworzyć liderów, czyli jak wprowadzać innych na drogę sukcesu*, Konstancin-Jeziorna 1997.

Maxwell J.C., *Wszyscy się komunikują, niewielu potrafi się porozumieć*, Warszawa 2011.

McCormack M.H., *O zarządzaniu*, Warszawa 1998.

McElroy K., *Jak inwestować w nieruchomości. Znajdź ukryte zyski, których większość inwestorów nie dostrzega*, Osielsko 2008.

McGee P., *Pewność siebie. Jak mała zmiana może zrobić wielką różnicę*, Gliwice 2011.

McGrath H., Edwards H., *Trudne osobowości. Jak radzić sobie ze szkodliwymi zachowaniami innych oraz własnymi*, Poznań 2010.

Mellody P., Miller A.W., Miller J.K., *Toksyczna miłość i jak się z niej wyzwolić*, Warszawa 2013.

Melody B., *Koniec współuzależnienia*, Poznań 2002.

Miller M., *Style myślenia*, Poznań 2000.

Mingotaud F., *Sprawny kierownik. Techniki osiągania sukcesów*, Warszawa 1994.

MJ DeMarco, *Fastlane milionera*, Katowice 2012.

Morgenstern J., *Jak być doskonale zorganizowanym*, Warszawa 2000.

Nay W.R., *Związek bez gniewu. Jak przerwać błędne koło kłótni, dąsów i cichych dni*, Warszawa 2011.

Nierenberg G.I., *Ekspert. Czy nim jesteś?*, Warszawa 2001.

Ogger G., *Geniusze i spekulanci, Jak rodził się kapitalizm*, Warszawa 1993.

Osho, *Księga zrozumienia. Własna droga do wolności*, Warszawa 2009.

Parkinson C.N., *Prawo pani Parkinson*, Warszawa 1970.

Peale N.V., *Entuzjazm zmienia wszystko. Jak stać się zwycięzcą*, Warszawa 1996.

Peale N.V., *Możesz, jeśli myślisz, że możesz*, Warszawa 2005.

Peale N.V., *Rozbudź w sobie twórczy potencjał*, Warszawa 1997.

Peale N.V., *Uwierz i zwyciężaj. Jak zaufać swoim myślom i poczuć pewność siebie*, Warszawa 1999.

Pietrasiński Z., *Psychologia sprawnego myślenia*, Warszawa 1959.

Pilikowski J., *Podróż w świat etyki*, Kraków 2010.

Pink D.H., *Drive*, Warszawa 2011.

Pirożyński M., *Kształcenie charakteru*, Poznań 1999.

Pismo Święte Starego i Nowego Testamentu. Biblia Tysiąclecia, Warszawa 2002.

Pismo Święte w Przekładzie Nowego Świata, 1997.

Popielski K., *Psychologia egzystencji. Wartości w życiu*, Lublin 2009.

Poznaj swoją osobowość, Bielsko-Biała 1996.

Przemieniecki J., *Psychologia jednostki. Odkoduj szyfr do swego umysłu*, Warszawa 2008.

Pszczołowski T., *Umiejętność przekonywania i dyskusji*, Gdańsk 1998.

Reiman T., *Potęga perswazyjnej komunikacji*, Gliwice 2011.

Robbins A., *Nasza moc bez granic. Skuteczna metoda osiągania życiowych sukcesów za pomocą NLP*, Konstancin-Jeziorna 2009.

Robbins A., *Obudź w sobie olbrzyma... i miej wpływ na całe swoje życie – od zaraz*, Poznań 2002.

Robbins A., *Olbrzymie kroki*, Warszawa 2001.

Robert M., *Nowe myślenie strategiczne: czyste i proste*, Warszawa 2006.

Robinson J.W., *Imperium wolności. Historia Amway Corporation*, Warszawa 1997.

Rose C., Nicholl M.J., *Ucz się szybciej, na miarę XXI wieku*, Warszawa 2003.

Rose N., *Winston Churchill. Życie pod prąd*, Warszawa 1996.

Rychter W., *Dzieje samochodu*, Warszawa 1962.

Ryżak Z., *Zarządzanie energią kluczem do sukcesu*, Warszawa 2008.

Savater F., *Etyka dla syna*, Warszawa 1996.

Schäfer B., *Droga do finansowej wolności. Pierwszy milion w ciągu siedmiu lat*, Warszawa 2011.

Schäfer B., *Zasady zwycięzców*, Warszawa 2007.

Scherman J.R., *Jak skończyć z odwlekaniem i działać skutecznie*, Warszawa 1995.

Schuller R.H., *Ciężkie czasy przemijają, bądź silny i przetrwaj je*, Warszawa 1996.

Schwalbe B., Schwalbe H., Zander E., *Rozwijanie osobowości. Jak zostać sprzedawcą doskonałym*, tom 2, Warszawa 1994.

Schwartz D.J., *Magia myślenia kategoriami sukcesu*, Konstancin-Jeziorna 1994.

Schwartz D.J., *Magia myślenia na wielką skalę. Jak zaprząc duszę i umysł do wielkich osiągnięć*, Warszawa 2008.

Scott S.K., *Notatnik milionera. Jak zwykli ludzie mogą osiągać niezwykłe sukcesy*, Warszawa 1997.

Sedlak K. [red.], *Jak poszukiwać i zjednywać najlepszych pracowników*, Kraków 1995.

Seiwert L.J., *Jak organizować czas*, Warszawa 1998.

Seligman M.E.P., *Co możesz zmienić, a czego nie możesz*, Poznań 1995.

Seligman M.E.P., *Pełnia życia*, Poznań 2011.

Seneka, *Myśli*, Kraków 1989.

Sewell C., Brown P.B., *Klient na całe życie, czyli jak przypadkowego klienta zmienić w wiernego entuzjastę naszych usług*, Warszawa 1992.

Słownik pisarzy antycznych, Warszawa 1982.

Smith A., *Umysł*, Warszawa 1989.

Spector R., *Amazon.com. Historia przedsiębiorstwa, które stworzyło nowy model biznesu*, Warszawa 2000.

Spence G., *Jak skutecznie przekonywać... wszędzie i każdego dnia*, Poznań 2001.

Sprenger R.K., *Zaufanie # 1*, Warszawa 2011.

Staff L., *Michał Anioł*, Warszawa 1990.

Stone D.C., *Podążaj za swymi marzeniami*, Konstancin-Jeziorna 1998.

Swiet J., *Kolumb*, Warszawa 1979.

Szurawski M., *Pamięć. Trening interaktywny*, Łódź 2004.

Szyszkowska M., *W poszukiwaniu sensu życia*, Warszawa 1997.

Tatarkiewicz W., *O szczęściu*, Warszawa 1979.

Tavris C., Aronson E., *Błądzą wszyscy (ale nie ja)*, Sopot–Warszawa 2008.

Tracy B., *Milionerzy z wyboru. 21 tajemnic sukcesu*, Warszawa 2002.

Tracy B., *Plan lotu. Prawdziwy sekret sukcesu*, Warszawa 2008.

Tracy B., Scheelen F.M. *Osobowość lidera*, Warszawa 2001.

Tracy B., *Sztuka zatrudniania najlepszych. 21 praktycznych i sprawdzonych technik do wykorzystania od zaraz*, Warszawa 2006.

Tracy B., *Turbostrategia. 21 skutecznych sposobów na przekształcenie firmy i szybkie zwiększenie zysków*, Warszawa 2004.

Tracy B., *Zarabiaj więcej i awansuj szybciej. 21 sposobów na przyspieszenie kariery*, Warszawa 2007.

Tracy B., *Zarządzanie czasem*, Warszawa 2008.

Tracy B., *Zjedz tę żabę. 21 metod podnoszenia wydajności w pracy i zwalczania skłonności do zwlekania*, Warszawa 2005.

Twentier J.D., *Sztuka chwalenia ludzi*, Warszawa 1998.

Urban H., *Moc pozytywnych słów*, Warszawa 2012.

Ury W., *Odchodząc od nie. Negocjowanie od konfrontacji do kooperacji*, Warszawa 2000.

Vitale J., *Klucz do sekretu. Przyciągnij do siebie wszystko, czego pragniesz*, Gliwice 2009.

Waitley D., *Być najlepszym*, Warszawa 1998.

Waitley D., *Imperium umysłu*, Konstancin–Jeziorna 1997.

Waitley D., *Podwójne zwycięstwo*, Warszawa 1996.

Waitley D., *Sukces zależy od właściwego momentu*, Warszawa 1997.

Waitley D., Tucker R.B., *Gra o sukces. Jak zwyciężać w twórczej rywalizacji*, Warszawa 1996.

Walton S., Huey J., *Sam Walton. Made in America*, Warszawa 1994.

Waterhouse J., Minors D., Waterhouse M., *Twój zegar biologiczny. Jak żyć z nim w zgodzie*, Warszawa 1993.

Wegscheider-Cruse S., *Poczucie własnej wartości. Jak pokochać siebie*, Gdańsk 2007.

Wilson P., *Idealna równowaga. Jak znaleźć czas i sposób na pełnię życia*, Warszawa 2010.

Ziglar Z., *Do zobaczenia na szczycie*, Warszawa 1995.

Ziglar Z., *Droga na szczyt*, Konstancin–Jeziorna 1995.

Ziglar Z., *Ponad szczytem*, Warszawa 1995.

INNE KSIĄŻKI WYDAWCY

Wersje audio i e-book dostępne u naszych partnerów.
Audiobook – Audioteka i Storytel
E-book – Empik i Nexto

INNE KSIĄŻKI WYDAWCY

Wersje audio i e-book dostępne u naszych partnerów.
Audiobook – Audioteka i Storytel
E-book – Empik i Nexto

INNE KSIĄŻKI WYDAWCY

Wersje audio i e-book dostępne u naszych partnerów.
Audiobook – Audioteka i Storytel
E-book – Empik i Nexto

www.ingramcontent.com/pod-product-compliance
Lightning Source LLC
LaVergne TN
LVHW041607070526
838199LV00052B/3021